PLAIDOYER

DE

M. DE MARCHANGY,

AVOCAT-GÉNÉRAL

A LA COUR ROYALE DE PARIS;

DANS LA CONSPIRATION DE LA ROCHELLE,

DÉNONÇANT OFFICIELLEMENT ET DÉVOILANT

LA SECTE DES CARBONARI.

ÉDITION DE LA SOCIÉTÉ CATHOLIQUE DE LA BELGIQUE.

PRIX	*Fr.*	*Ct.*
Pour les Membres de la Société Catholique de la Belgique	0 »	60
Pour le Public....................................	0 »	90

A LOUVAIN,
CHEZ VANLINTHOUT ET VANDENZANDE.
Et se trouve dans chaque Ville au *Depôt de la Société*.

1822.

Imprimatur.

Mechliniæ, Septembre 1822. *J. FORGEUR, Vic. gen.*

8e. Ouvrage pour 1822.

CONDITIONS DE LA SOUSCRIPTION

A LA SOCIÉTÉ CATHOLIQUE DE LA BELGIQUE.

On devient membre de la Societé en souscrivant pour une rétribution annuelle de onze francs. La souscription n'étant qu'annuelle, doit se renouveler chaque année. L'année de souscription commence au 1er janvier et se termine au 31 décembre. On peut souscrire toute l'année.

On paie en souscrivant.

Les membres honoraires reçoivent comme les autres un exemplaire de tous les ouvrages que la Société publie dans il'année.

Les uns et les autres ont en outre le droit d'acheter, avant le 31 décembre, cinq exemplaires de chacun desdits ouvrages au prix fixé pour les souscripteurs; mais point ailleurs qu'au dépôt de la division de leur domicile.

La Société fait célébrer une Messe basse dans chaque diocèse, le 2e. Mercredi de chaque mois, à 8 heures, pour implorer les bénédictions du Ciel sur ses travaux. Ses membres peuvent gagner, chacun de ces Mercredis, une *Indulgence plenière*, applicable aux ames du purgatoire, pourvu qu'ils visitent une église publique et y prient pour la propagation de la Foi, après s'être approchés des Sacremens de Pénitence et d'Eucharistie.

On est prié de souscrire chez le Chef de la division de son domicile On trouvera son adresse chez le libraire qui a le dépôt des éditions de la Société dans chaque ville.

Les ouvrages sont distribués sans frais, mais seulement dans l'enceinte des villes où un dépôt est établi. Les souscripteurs qui habitent la campagne sont priés d'indiquer une maison en ville où leurs ouvrages puissent être remis.

Chaque ouvrage portera, ainsi que les quittances, le sceau de la Société *en encre rouge*.

PLAIDOYER

DE M. DE MARCHANGY,

AVOCAT-GÉNÉRAL,

PRONONCÉ LE 29 AOUT 1822 DEVANT LA COUR D'ASSISES DE LA SEINE.

Messieurs les Jurés,

Une conspiration, dont le but était de renverser le Gouvernement, devait éclater dans les murs de La Rochelle. Déjà le jour et l'heure étaient choisis, lorsque les conjurés furent arrêtés armés des poignards que leurs sermens consacraient à des attentats.

En procédant à l'instruction de cette affaire, les magistrats de La Rochelle y trouvèrent plus qu'ils n'y cherchaient. Au lieu d'un seul complot, ils découvrirent les preuves d'une société secrète dont les initiés, répandus en cent lieux divers, y préparaient à-la-fois, à l'aide des mêmes moyens, le succès des mêmes crimes. Ces magistrats purent également se convaincre que si le fil de ces trames nombreuses se déroulait en province, il partait de la capitale; et que si l'on trouvait ailleurs des agens corrompus, on ne trouverait qu'à Paris les agens corrupteurs. Ils y ont donc renvoyé le procès, et une triste compétence fut infligée à cette Cour.

Mais quel contraste nous présentent l'accusation et les accusés! Préoccupés de l'idée d'une conspiration hardie et d'un bouleversement général, nous cherchons sur ces bancs de puissans instigateurs, des hommes dignes par la séduction de leur opulence, ou le bruit de leur renommée, d'aspirer aux promotions de la révolte, d'obtenir les courtes faveurs d'une révolution, d'exploiter à leur profit nos divisions intestines, et cependant que voyons nous ici? des êtres obscurs, des jeunes gens égarés, des soldats sans nom..... Que pouvaient-ils donc par eux-mêmes? Rien, s'écrient leurs défenseurs! S'il est vrai, Messieurs, que les accusés n'aient rien pu tenter d'eux-mêmes, leur propre insuffisance sera la première démonstration d'une vérité qui couvrira toute la discussion de sa lumière, c'est qu'ils faisaient partie d'une association flagrante dont la force était dans le nombre de ses adeptes et dans la mystérieuse impulsion qui les faisait mouvoir. Fanatiques instrumens d'une volonté étrangère, ils ne pouvaient rien isolément; ils pouvaient beaucoup sans doute, concourant à une action simultanée; et lorsqu'on voit les criminels projets de La Rochelle conniver avec ceux de Belfort, de Saumur, de Nantes, de Thouars, de Brest, de St.-Malo, de Toulon, de Strasbourg, on devine comment sans un crédit notoire, sans une haute capacité personnelle, des individus auraient pu accomplir de sinistres vœux, et comment tant de faibles roseaux auraient, en s'unissant par un lien commun, formé le sanglant faisceau des décemvirs.

Pour prononcer sur l'un de ces complots, il faut donc en quelque sorte que vous connaissiez tout leur ensemble, il faut suivre les traces des affiliations ténébreuses qui minent sourdement l'Etat, et qui, si la justice n'avait point éventé leurs élémens destructeurs, eussent rélévé leur existence par le ravage d'une explosion.

Ainsi le procès actuel, bien qu'au fond il ne vous offre à statuer que sur les faits de La Rochelle, s'agrandit de tout l'intérêt attaché à la découverte d'un vaste plan d'insurrection. Il vous montrera les sectes révolutionnaires arrachées à l'ombre qui les cachait et traînées avec leurs attributs, leurs signes, leurs devises et leurs couleurs à la barre de la France, ou plutôt de l'Europe entière.

Oui, l'Europe entière est attentive à des débats, où elle cherchera l'explication des troubles qui la tourmentent, l'origine des partis qui la divisent ; elle y apprendra peut-être comment vingt nations qui diffèrent ensemble par leur civilisation, leurs mœurs, leurs besoins et la forme de leur gouvernement, ont néanmoins éprouvé à-la-fois la commotion du même délire, reçu les mêmes conseils, les mêmes instructions, et entendu proclamer les mêmes doctrines et les mêmes textes de rebellion. Il serait aussi monstrueux de voir des arbres de diverse nature porter des fruits pareils, que de voir des peuples qui n'ont, par leur position sociale, aucune analogie entre eux, manifester spontanément des systèmes et des prétentions semblables.

Les révolutions actuelles ne sont donc point innées; elles sont apprises, et la même leçon circulant du Nord au Midi, explique la conformité de tant d'erreurs.

Voilà pourquoi Naples, si heureuse de ses beaux arts, des bienfaits de son ciel et de la mansuétude de ses Bourbons, s'étonna d'entendre ses propres enfans, répéter mot pour mot le langage des vétérans de nos discordes civiles; voilà pourquoi l'Espagne, que sa superbe et dédaigneuse ignorance, que son fanatisme héroïque et son culte pour ses traditions premières, devaient préserver des sophistes, s'indigne de voir un ramas de perturbateurs affamés du régicide et copistes serviles des excès de 93; voilà pourquoi l'Allemagne, qui tant de fois eut à maudire nos révolutions contre lesquelles ont protesté ses armes, sent avec effroi leur poison se glisser jusqu'au cœur de sa jeunesse; voilà pourquoi le Piémont qui bénissait les races patriarchales de ses vieux princes, et qui, rendu à des coutumes héréditaires qu'il ne cessa de regretter, n'avait plus aucun vœu politique à former, eut à frémir de voir du milieu d'un règne paisible s'élancer l'anarchie toute armée. Tels sont les déplorables résultats des principes colportés par les promoteurs du désordre, par les envoyés de la révolte, eux qui ne veulent point souffrir que les missionnaires d'une religion de paix et de concorde aillent restaurer de la parole de vie, des moeurs énervées et une foi mourante; eux qui désirent étouffer dans le bruit de leurs déclamations intolérantes la voix des apôtres de nos croyances, tandis que se faisant un privilége exclusif du prosélytisme, ils vont afficher depuis les Apennins jusqu'au Bosphore, et depuis Lisbonne jusqu'aux bords de l'Orénoque, l'enseignement et les programmes de la sédition.

Effrayés de ces insurrections si rapidement improvisées, les gouvernemens ne sont occupés qu'à prévenir les progrès du mal universel.

L'Angleterre, qui ne doit sa prospérité qu'à son respect pour ses institutions antiques, renouvelle *l'alien-bill*, pour que la contagion ne pénètre pas dans ses foyers; des congrès de souverains consultent sur cette épidémie morale; la crainte d'être surpris par l'ennemi commun éteint chez eux l'esprit de conquête : vaincre la révolution leur semble désormais la plus désirable victoire.

Pouvons-nous, maintenant sans douleur, reporter nos regards sur nous-mêmes et envisager nos dangers après avoir sondé les plaies du reste de l'Europe? A Dieu ne plaise que nous désespérions de la patrie dont les convulsions momentanées sont peut-être moins un indice de sa faiblesse, qu'un vicieux emploi de ses propres forces, et qui, selon l'habileté d'un profond législateur, pourrait voir tourner au profit de sa félicité et de sa gloire ce qui fait aujourd'hui son inconstance et ses périls. Toutefois on ne peut se le dissimuler, la France est infectée de principes délétères et incessamment travaillée par des machinations perfides, soit que le règne doux et paternel des Bourbons succédant au vigilant despotisme du précédent gouvernement, ait, à force de contraste, paru incompatible avec l'idée d'une répression sévère; soit que trop long-temps privés de liberté, et en ayant perdu l'usage, quelques-uns l'aient prise pour la permission de mal faire et la garantie de l'impunité; soit que la transition d'un régime à l'autre ait envenimé les regrets, ait armé les ressentimens, ait aigri les prétentions trop souvent confondues avec les droits; soit que l'anarchie des ambitions et les saturnales de la fortune aient fait sortir toutes les classes de leur repos, comme de leur condition, pour les précipiter vers des honneurs qui vont les satisfaire un jour et les agiter toute la vie; soit enfin que nulle institution n'ait été profondément creusée au milieu de nous pour absorber ce déluge, pour purifier les lumières et pour laisser déposer les passions.

Et d'ailleurs la France, marchant la première à la tête de la civilisation, ne court-elle pas le risque d'arriver aussi la première à ce rendez-vous de l'abîme, où les peuples aboutissent lorsqu'ayant échangé les vertus pour les connaissances, les mystères pour les découvertes, et l'instinct pour le raisonnement, il ne leur reste au lieu d'illusions que les métamorphoses de l'erreur ou les caprices du dégoût! Ainsi périrent les nations de l'antiquité; mais espérons qu'un pareil anathême n'éclatera pas sur les nations modernes. Elles ont ce que n'avaient pas leurs aînées pour prévenir l'entière corruption. C'est la religion qui a donné à la terre le secret de faire fleurir éternellement les sociétés des hommes, et qui trouve jusque dans leurs égaremens, un moyen de les ramener à la vérité. Déjà la France, malgré les efforts d'une secte impie, ressent cette merveilleuse influence : étudiez ses goûts, ses penchans et ses souvenirs de prédilection, vous la verrez exprimer le vague désir d'une régénération morale et se placer d'elle-même à l'ombre des pouvoirs légitimes. Aidons-la dans ce mouvement généreux, protégeons cette heureuse disposition à la convalescence de la patrie; prévenons ses rechutes, et ne souffrons pas qu'elle retombe sous le souffle mortel des anarchistes. L'un des remèdes les plus salutaires qui puissent hâter sa guérison, celui qu'il vous appartient d'appliquer en ce jour, c'est une justice intrépide, c'est le triomphe des lois, c'est la fermeté des gens de bien. Vous en donnerez un éclatant exemple dans la cause qui vous est soumise, et dont il est temps de vous exposer les faits.

Les sociétés secrètes sont des ateliers de conspiration; leur origine est ancienne, mais elles furent pour ainsi dire en permanence depuis 1815, car l'effronté succès du 20 mars les avait accréditées et mises en réputation. A cette époque, l'usurpation, et ce fut là son plus odieux forfait, appela à son secours la démagogie, qui vint assister à ces derniers momens pour hériter de ses dépouilles. Furieuse de ne pouvoir s'en emparer, et de céder sa place à la légitimité, elle jeta des brandons de discorde au milieu de la France, et fit un appel aux générations présentes et futures. Dès-lors elle eut un parti parmi nous. La police du temps découvrit successivement, sans en compter beaucoup d'autres dont elle n'eut pas connaissance, les sociétés *de l'Épingle noire*, celle des *Patriotes de* 1816, celle des *Vautours de Buonaparte*, celle des *Chevaliers du soleil*, celle des *Patriotes européens réformés*, celle *de la Régénération universelle* (1). Toutes ces sectes s'accordaient sur le but de leur institution; c'était de former une ligue des peuples contre l'autorité légitime, c'était de conquérir la licence à main armée pour la faire asseoir sur les débris des

---

(1) En Allemagne des sociétés du même genre pullulèrent peut-être encore davantage. Ses États alarmés ont nommé une commission centrale, siégeant à Mayence, spécialement destinée à découvrir leurs trames. Déjà elle en a dépisté plus de vingt; les preuves se trouvent consignées dans 35 rapports, mais elle en attend encore d'autres avant de publier son travail.

[*Note ajoutée.*]

trônes et des autels. Brochures, discours, pétitions, adresses, lithographies, souscriptions, réimpressions de mauvais livres distribués à vil prix ou gratuitement jusque dans les hameaux; tout, depuis certaines éditions compactes, jusqu'à certains couplets, depuis les cris séditieux jusqu'aux toasts provocateurs, pouvait en effet concourir plus ou moins à ce but. On s'entendait si bien, que l'on concerta de vastes conjurations. Celles qui se tramèrent en 1816, à Paris et dans les départemens de l'Isère, du Rhône et de la Sarthe, conjurations qui enveloppaient une grande partie de la France, prouvent en effet que déjà il y avait, de la part des conjurés, *permanence* et *unanimité*. Cependant les perturbateurs n'avaient pas encore imaginé de faciles moyens de correspondre; ils n'avaient pas encore discipliné l'esprit d'insurrection et organisé le désordre; en un mot ils ignoraient comment on peut administrer la sédition, et en faire en quelque sorte un département à portefeuille. Voilà ce qu'ils apprirent en 1820, par leur affiliation à la secte des *carbonari*. Cette secte, émule de la franc-maçonnerie, empruntait ses allusions et ses symboles au métier des charbonniers. Depuis long-temps occupée d'un plan favori de révolution, elle catéchisait secrètement l'Italie. Dès 1819 elle était parvenue à s'introduire dans nos départemens de la Corse. Un nommé Guérini y fut poursuivi judiciairement pour avoir tenté d'assassiner un individu chargé par l'autorité de surveiller les sociétés de *carbonari*, qui se multipliaient d'autant plus que le gouvernement s'abusait alors sur leurs intentions et leur nombre. Il résulte d'une correspondance officielle, que le ministère d'alors ne jugea point important de les traduire devant les tribunaux, attendu, disait-il, *que ces poursuites décéleraient une crainte que de pareilles sociétés ne peuvent inspirer sous une forme de gouvernement où les droits du peuple sont reconnus et assurés.*

Ce motif plein de candeur toucha si peu les factieux, que bientôt la *charbonnerie* grandit sur un plus vaste théâtre, et envahit presque toutes nos provinces. En effet, lorsque les insurrections napolitaine et piémontaise eurent mis en lumière les *carbonari*, ceux-ci qui devaient le fond de leur principes aux révolutionnaires français, ne purent leur refuser les formes et les statuts de leur association; on ne tarda point à s'entendre, et les émissaires des *carbonari* d'Italie vinrent faire hommage à la conspiration permanente, des secrets de leur organisation.

Aux termes de leurs réglemens adoptés à Paris, les *carbonari* sont divisés en petites réunions appelées *cercles* ou *ventes*. Ils ont des *ventes* particulières, des *ventes* centrales, de hautes *ventes*, et une *vente* suprême confondue, dans une mystérieuse profondeur, avec une espèce de comité dictatorial constitué en gouvernement provisoire. Les *ventes* particulières sont le premier degré de l'association; on ne peut y être admis que sur la présentation d'un certain nombre de *carbonari*, qui répondent sur l'*honneur* des *bons sentimens* du candidat. Il faut, en outre, que ce candidat, à moins qu'il ne soit militare à demi-solde ou en retraite, ait déjà fait ses preuves, et qu'il justifie de sa haine pour le gouvernement légitime. De même qu'on exigeait, en 93, de celui qui réclamait un certificat de civisme, qu'il eût coopéré à la journée du 14 juillet, ou qu'il eut par-devers lui son 10 août; de même on demande à ceux qui postulent la *charbonnerie* où sont leurs brochures séditieuses, dans quelle église ils ont vociféré, de quels attroupemens ils ont fait partie.

Les candidats qui, sans remplir les conditions imposées, méritent néanmoins des encouragemens et donnent des espérances, sont ajournés et classés comme apprentis charbonniers dans des sociétés qu'on peut considérer comme les avenues de la secte-mère, et qu'on nomme les *sociétés des amis ou des chevaliers de la liberté*. Ces sociétés préparatoires sont, en sens inverse, une sorte de lazaret où les néophites se guérisent de leurs scrupules et d'un reste d'innocence. Quand le temps d'épreuves est passé, ils sont reçus *carbonari*. Pour leur faire prendre patience, on les charge parfois de missions faciles; dans les insurrections générales, on leur permet de marcher; ils furent même expressément commandés dans les affaires des départemens de l'Ouest.

Les *ventes* particulières des *carbonari* se composent chacune d'un nombre qui n'excède pas vingt membres, ou *bons cousins*. Elles ont un président, un censeur et un député. Une vente particulière a-t-elle atteint le nombre convenu? chacun de ses membres forme une autre vente particulière, qui, à son tour, pullule de la même manière.

Les députés de vingt *ventes* particulières composent une vente centrale, et chaque *vente* centrale a elle-même un député qui communique avec la haute vente, laquelle a également un émissaire accrédité près de la vente suprême, ou, selon l'expression vulgaire, près du comité directeur. Ainsi, les ventes particulières ne touchent aux ventes centrales, et celles-ci à la vente suprême, que par un intermédiaire, lien léger, facile à briser lorsque les circonstances prescrivent momentanément le besoin de s'isoler pour échapper aux recherches. Les membres des différentes ventes restent donc étrangers les uns aux autres et ne peuvent correspondre qu'au moyen de deputés, seuls initiés aux relations d'une vente à l'autre, en telle sorte qu'un *carbonaro* ne connaît que les membres de sa vente, et un député ne connaît que les membres de deux ventes.

Les carbonari ont cherché d'autres garanties de la discrétion des affiliés, dans le serment qui leur est imposé. *Tout carbonaro*, porte l'article 55 des statuts, *doit garder le secret de l'existence de la charbonnerie, de ses signes, de son réglement et de son but envers les païens.*

L'article 60, titre 5, est ainsi conçu : *Le parjure, toutes les fois qu'il aura pour effet de révéler le secret de la charbonnerie, sera puni de mort.*

Aux termes de l'art. 62, une simple indiscrétion ne fait encourir que la censure de la haute vente ; mais en cas de récidive il y a peine capitale. Le récipiendaire jure de ne pas chercher à connaître les membres des autres cercles, ni ceux du cercle suprême, et de ne pas révéler, sous peine de mort, les secrets qui lui seraient confiés. Lorsqu'un membre a manqué à ce dernier point de son serment, il est jugé par ses *bons cousins*, et l'un d'eux est désigné pour le frapper. Afin d'accomplir cette mission sanguinaire, ou d'exécuter tout autre forfait commandé par la vente supérieure, des poignards sont remis gratuitement aux *carbonari.* On n'a point oublié que l'origine de leur institution n'est pas française. Pour épaissir encore mieux l'ombre qui les couvre, les carbonari n'écrivent rien ; ils se transmettent tout verbalement, soit entre eux, soit de province en province, par l'entremise d'une foule de *bons cousins*, qui, sous le titre apparent de commis-voyageurs, se transportent aux frais de la société sur tous les points où les appellent les ordres du comité-directeur. Ces agens vagabonds, ces courtiers de la révolte, ont, pour se faire reconnaître des chefs de *ventes* près desquels ils sont envoyés, une moitié de carte bizarrement découpée, et qui s'adapte à l'autre moitié envoyée par le comité-directeur aux meneurs de la province.

Les carbonari ont en outre des mots d'ordre, des mots de passe, des mots sacrés. Ils ont des saluts qui consistent à relever et incliner l'avant-bras droit, le coude appuyé sur la hanche; ils ont des attouchemens mystérieux, soit en indiquant le cœur avec l'index comme signe interrogateur, soit en se prenant la main de manière à former tantôt un C et tantôt une double N, emblême expressif du père et du fils. Les mots *speranza* et *fede*, jetés comme par hasard dans un entretien : le mot de *carità* articulé par syllabes séparées que se partagent les interlocuteurs en les proférant alternativement, sont aussi le préambule usité de toute ouverture entre les *bons cousins*. Chaque vente ouvre un livre noir, sur lequel sont tracés les noms proscrits; plus tard il pourra servir à l'action d'une nouvelle loi des suspects.

Les obligations et le but des *carbonari* sont premièrement : d'obéir sans examen aux ordres souverains intimés par la vente suprême dont ils doivent s'abstenir de scruter le sanctuaire impénétrable, et secondement de tout entreprendre pour conserver la liberté à main-armée, c'est-à-dire pour renverser le gouvernement actuel. Ainsi, par une contradiction assez étrange, ces amis de la liberté s'engagent à déférer aveuglement aux ordres de sang qu'il plaira de leur donner, en telle sorte qu'au nom de là liberté ils se font les transfuges des lois sous l'empire desquelles ils seraient vraiment libres, pour se faire les esclaves du crime et les superstitieux instrumens d'une ambition voilée. C'est pour aspirer à ce honteux avilissement, qu'ils doivent, aux termes de leurs statuts, préférer leurs frères d'adoption à leurs propres frères, et se munir d'armes de guerre, d'après l'article 58 qui dit : « *Pour être prêt à résister à l'oppression, à sécourir ses bons cousins, tout carbonaro doit être pourvu, par ses soins et à ses frais, d'un fusil de munition avec la baïonnette, et de vingt-cinq cartouches à balles de calibre. Il est tenu de s'instruire dans le maniement de cette arme et dans tous les mouvemens que suppose une réunion d'hommes ainsi armés.* Ils versent 5 fr. lors de leur admission, et 1 fr. par mois. Ces sommes, qui deviennent considérables, parce que des données dont nous pourrons bientôt apprécier l'exactitude, permettent d'élever le nombre des carbonari à plus de soixante mille en France ; ces sommes, disons-nous, sont versées aux ventes centrales, qui en tiennent compte aux caisses de la vente suprême, d'où elles vont fructifier dans les opérations de Banque et de Bourse avec le produit des quêtes, des souscriptions, des donations volontaires, et des contributions extraordinaires que la vente suprême a le droit de lever dans l'intérêt général.

Cette vente souveraine peut, quand bon lui semble, convoquer ou suspendre à son gré toutes les autres ventes.

Telle est la foi et hommage du ban et de l'arrière-ban des vassaux révolutionnaires : telles sont les redevances, les corvées, les dîmes, les prestations stipulées dans cette nouvelle féodalité, plus humiliante, plus odieuse mille fois que celle contre laquelle on ne cesse de déclamer, bien qu'elle soit à jamais ensevelie depuis des siècles dans la poussière de ses vieilles châtellenies. Là, du moins, on ne se servait point de poignards; là, le feudataire ne refusait pas de partager les dangers où il menait vaillamment ses fidèles; là, on ne s'engageait point par d'exécrables sermens à répandre le sang d'un frère pour des tyrans cachés, pour de lâches rhéteurs, dont le premier soin est d'obliger les malheureux qu'ils égarent, à ne pas chercher à les connaître, et néanmoins à mourir pour eux. Fût-il jamais un fanatisme aussi insensé, une servitude aussi révoltante? Dans les associations les plus abjectes, parmi les brigands et les corsaires, les chefs combattent à la tête de leurs compagnons, leurs risques sont communs, ils ont également à redouter les poursuites de la justice, ils marchent de front à l'échafaud, ils tombent ensemble dans le gouffre qu'ensemble ils ont creusé. Mais cette égalité n'est pas la règle des seigneurs de la haute vente, de ces privilégiés de l'anarchie, qui, du fond de leur comité invisible, prennent leurs sûretés contre les chances auxquelles ils exposent leurs séïdes. « Allez, leur disent-ils, dans l'insolence de leur turbulente aristocratie ; allez tenter pour nous les hasards d'une insurrection dont nous sommes les actionnaires ; allez moissonner pour nous sous les coups de la tempête que nous avons allumée, tandis que nous attendrons, à l'abri, que vous ayez frayé un facile accès à notre pouvoir. Nous paraîtrons au signal de vos succès, nous irons vous secourir dans vos triomphes; si la vigilance des tribunaux déconcerte votre entreprise, nous livrerons aux haines populaires les magistrats liberticides appelés à vous juger, nous ferons de leur devoir un peril et de leur impartialité un titre de réprobation, nous les tiendrons à l'étroit entre la crainte du libelle et celle du poignard. Si vous succombez dans une aggression tumultueuse, nous vous érigerons, à grand bruit, des tombeaux, nous ferons sortir des étincelles de votre cendre agitée, nous sourirons aux larmes commandées pour vos funèbres anniversaires, et nous irons jusque dans le temple d'un Dieu de paix chercher des occasions de trouble et des prétextes de vengeance. »

Voilà, Messieurs les jurés, voilà le sens du pacte monstrueux proclamé par les proconsuls de la sédition.

On a vu jadis dans l'Orient un prince nourrir autour de lui un essaim de jeunes fanatiques, prêts, au moindre geste de leur maître, à se donner la mort ou bien à la donner aux autres. Tout horrible que fût leur dévoûment, on le concevait néanmoins, car dans leur pieuse erreur ils croyaient mériter le ciel, promis par leur prophète. Ici, au contraire, les despotes de la vente suprême, les conservateurs de la révolution ne promettent que le néant à leurs adeptes. L'athéisme est une des pages de leur code; *guerre à la religion* est un de leurs commandemens.

Il faut le répéter, avec indignation et surprise; oui, voilà le pacte qui fut proclamé en France, et qui fut consenti par une multitude d'êtres égarés.

La contagion fut si rapide, que dans le cours de 1821, trente-cinq préfets dénoncèrent à-la-fois des sociétés de *carbonari* et de chevaliers de la liberté, organisées sur plusieurs points de leur département. Paris comptait dès-lors plusieurs centaines de ventes, ayant entre elles diverses dénominations, telles que *la Victorieuse, la Sincère, la Réussite, la Wasingthon, la Bélisaire, la Westermann, les Amis de la vérité*, etc. Toutes ces ventes relevaient, comme on l'a dit, de la vente suprême, qui bientôt voulut faire un essai de ses forces. Les troubles du commencement de juin et la conspiration du 19 août 1820 doivent être en effet considérés comme les premières campagnes régulières des *carbonari* français. A ces deux époques, l'or fut répandu avec profusion : on sait qu'il gagna la plupart des individus condamnés dans l'affaire du 19 août, et la secte poussa la sollicitude à leur égard, jusqu'à leur assurer une paie durant tout le cours de leur détention. Quant aux troubles du mois de juin précédent, ils durent également induire le comité supérieur en des dépenses excessives, car il est de notoriété que dans ces attroupemens séditieux il y avait outre les *carbonari* quelques troupes soldées, que l'on payait non-seulement à bureau ouvert, mais encore en plein air, et même dans la foule, où de simples curieux risquèrent de recevoir un salaire qu'ils eussent rougi de mériter.

L'issue de l'accusation, déférée à la Cour des Pairs, ne fut pas tellement décourageante qu'elle dût à jamais rebuter les conspirateurs; et comme dans l'intervalle ils avaient encore étendu les ramifications de leur secte, ils se trouvèrent si nombreux, si riches, si bien enrégimentés, grâce à l'organisation perfectionnée des *carbonari*, que le comité-directeur devint une sorte de gouvernement occulte, précisément à l'époque où, pour donner le change, il favorisait lui-même l'idée d'un pouvoir occulte qui, à l'entendre, existait parmi les royalistes.

Nous disons, Messieurs, que le comité-directeur devint un gouvernement occulte, et cette expression est vraie dans le sens le plus positif, puisque durant le cours de 1821, et même dans le cours de cette année, il déploya les ressources et prit l'attitude d'une puissance qui a des trésors, des ambassadeurs, des sujets et des armées. Pour continuer le récit des faits (les preuves viendront ensuite), nous

citerons au hasard quelques-uns de ses actes, de ses ordres du jour, de ses décrets suprêmes, quelques traits de sa police, de son administratión, de sa diplomatie. Ainsi, par exemple, le 10 décembre dernier, il mit à l'ordre du jour, que tous les *carbonari* devaient se tenir prêts à partir pour les destinations respectives qui leur seraient ultérieurement indiquées. Tous se disposèrent à partir, et le 25, l'évasion du colonel Duvergier détenu, fut favorisée par la femme d'un *carbonaro*, la dame Paillhès, condamnée depuis pour ce fait. Vers la même date, ce comité reçoit un envoyé des révolutionnaires espagnols et leur promet plusieurs mille hommes. Une foule de *carbonari* français partirent en effet à cette époque, afin de secourir leurs frères de la *Fontaine d'Or*, pour ensuite revenir ensemble sur les frontières de France, déployant le drapeau tricolore, enrichi d'un fléau de plus, la peste et ses horreurs. A leur passage, ces auxiliaires de la *tragala* infectèrent le cordon sanitaire d'une foule de libelles et de chansons injurieuses aux Bourbons. En passant à Pau, quelques-uns d'entr'eux attachèrent furtivement à un arbre de la promenade publique une pancarte, où le lendemain les habitans lurent ces mots : « *Devise des Français*. Constitution na-
« tionale acceptée par le peuple français, *Hon-*
« *neur, Patrie*. Une constitution nationale est
« un contrat entre le peuple et le chef de
« l'Etat; elle doit être consentie par les deux

« parties qu'elle oblige, non octroyée par l'une « d'elles. De ce principe de la souveraineté des « nations découle cette conséquence, que la « source de tous les pouvoirs de l'organisation « sociale émane du peuple qui les distribue en « différentes branches dans la constitution sou- « mise à son acceptation; car sans cette accep- « tation, il n'y aurait pas de constitution, mais « bien usurpation sur la souveraineté du peu- « ple. Ainsi, pour le redire, la devise des « Français est constitution nationale acceptée « par le peuple, ou *Honneur* et *Patrie*. Vive « la nation française! »

Ce beau manifeste rédigé par les commis des publicistes de la *haute-vente*, ne fut guère compris des fidèles Béarnais qui, après l'avoir lu, crièrent : *vive les enfans d'Henri IV!*

Mais poursuivons l'examen des actes du gouvernement occulte. En décembre dernier, il s'opère un versement des fonds de la banque du comité qui produit un gain de plusieurs millions. Le 1er. mars, ordre du jour qui recommande aux *carbonari* de s'exercer au manîment des armes. Le 6 mars, décret portant qu'il sera formé un comité d'action militaire, composé de trois *carbonari*, lequel comité sera spécialement chargé de se procurer des armes et d'établir des dépôts. On en établit aux environs de Lyon et dans le Bocage, afin, s'ils étaient découverts, qu'on pût les attribuer aux Vendéens. Le 11 mars, création sous le nom de *bataillon sacré*, d'un corps de cinq cents jeunes *carbonari* d'élite pour être employés ensuite comme officiers, dans le cas d'un soulèvement général. Le 13 mars, discussion à l'effet d'introduire la *charbonnerie* à Vincennes et de gagner une compagnie d'artillerie de la garnison pour s'emparer du château avec dix-huit cents *carbonari*. Le même jour, les ventes demandent à agir dans la crainte d'être dévancées par le *bataillon sacré*. Le 15 mars, le comité-directeur apprenant la découverte de plusieurs complots dans l'Ouest, reconnaît qu'il serait superflu, quant à présent, de prolonger le mouvement insurrectionnel qu'il avait préparé à l'occasion des missionnaires, et rend un ordre du jour ainsi conçu « Nous défendons à nos chers cousins, d'exciter aucun attroupement et de résister à la force armée; une ordonnance de police devant prescrire le dépôt des armes de guerre, nous enjoignons de les cacher soigneusement. »

Le 16 mars, autre ordre du jour portant que le général Berton a échoué par trop de précipitation et par la faiblesse des habitans de Thouars, mais que la troupe est prête, et que les *carbonari* doivent attendre les ordres pour agir. En avril, suite de précédentes discussions sur le choix du gouvernement qu'il conviendra de substituer au gouvernement légitime. Trois systèmes différens sont tour-à-tour plaidés avec chaleur et l'on arrête qu'il faut commencer par détruire ce qui existe, sauf ensuite au gouvernement provisoire à consulter le peuple sur le choix de ses nouveaux maîtres. Dans le même mois, il fut convenu qu'il serait pris des renseignemens sur tous les militaires dont le tems de service devait expirer, pour qu'il ne renouvelassent pas leur engagement avec le gouvernement, et qu'ils donnassent la préférence au comité-directeur.

Tous ces faits que nous pourrions multiplier à l'infini ont un caractère si étrange qu'on hésite d'abord à les accueillir, et qu'on les croit moins propres à figurer dans l'histoire de nos jours que dans les sombres avantures des Flibustiers ou des Francs-Juges; et d'ailleurs, il faut l'avouer, ces faits auraient une apparence moins romanesque, moins extraordinaire, qu'on n'y croirait peut-être guère davantage; dans tous les tems l'incrédulité s'est interposée entre les catastrophes politiques et les peuples qui en étaient ménacés. Cette fatale propension à l'incurie s'explique aisément, car d'une part les systèmes, les vagues projets des partis ne sont pour le vulgaire incapable d'en calculer les conséquences, que des élémens abstraits dont l'imagination ne saurait redouter les résultats, parce qu'elle ne les conçoit point. La crainte qui ne s'arrête qu'aux résultats, glisse donc sur les théories politiques, et l'on ne déplore qu'après l'événement, ce qu'elles ont de calamiteux. Peu de personnes ont compris 89, mais quel cœur humain n'a pas gémi sur les crimes de 93 qui n'en étaient que les conséquences immédiates? D'une autre part, il est d'autant plus difficile de prévoir une révolution que chacun à secrètement un motif pour s'abuser soi-même, ou pour abuser les autres. Ceux-là ne veulent pas croire au mal parce qu'ils ne veulent pas s'alarmer, ceux-ci parce qu'ils ne savent pas y remédier; les uns se soucient peu d'y croire parce qu'ils ne le voient pas tellement proche qu'ils puissent avoir à le redouter pour eux-mêmes, les autres ne veulent pas qu'on y croie, parce qu'ils ont des raisons pour le laisser arriver. L'égoïsme, l'insouciance, la faiblesse ou la trahison ont donc un intérêt dans l'incrédulité. Et alors même que l'on croirait à un mouvement politique, chacun trouverait encore dans cette conviction des prétextes de caresser son indolence en s'imaginant, ce qui est une funeste erreur, que les événemens publics ne l'atteindront pas dans ses intérêts particuliers.

Aussi dans tous les temps précurseurs des crises politiques, des voix fortes et généreuses ont elles en vain gourmandé la léthargie des états et en vain retenti à l'oreille des peuples endormis sur le bord du précipice. Pour ne parler ici que de nos propres malheurs, n'a-t-on pas vu le 20 mars se précipiter sur la France qui, assoupie dans un scepticisme fatal, ne se réveilla qu'au bruit de la foudre, stupéfaite d'un événement qu'elle n'avait pas cru possible malgré des avertissemens manifestes.

Cessons donc de dédaigner les avis de la Providence; n'aliénons point l'avenir social pour un misérable repos viager ; et loin de nous flatter sur l'état moral de la patrie, sondons courageusement ses plaies pour que ceux qui veillent à son salut puissent travailler à sa guérison et la ramener enfin à une plénitude de vie et de gloire qu'elle a le droit d'attendre encore, puisqu'elle a encore la force d'en sentir le besoin.

Nous vous avons dénoncé une conspiration, que depuis long-temps la voix publique a qualifiée de permanente. Nous vous avons appris comment cette conspiration était ourdie par un comité-directeur agissant sur des sociétés secrètes. Il faut maintenant vous en donner les preuves. Si nous parlions ailleurs que dans une cour d'assises où les preuves doivent avoir en quelque sorte plus d'évidence qu'il n'en faut à la conviction, serait-il donc besoin de tant d'efforts, pour démontrer l'existence de ce comité-directeur, nom devenu populaire, nom inventé spontanément, dont la commune renommée a déterminé la valeur et que chacun a de suite compris; parce que la chose existant avant le nom, il fallait bien la nommer pour qu'on pût interpeller l'influence secrète et malfaisante qui s'était décélée par ses propres œuvres.

Eh qui donc, en effet, aurait pu méconnaître l'action d'un comité-directeur dans cette tactique soutenue, où les plus simples découvrent un plan concerté par des chefs et suivi docilement par les agens subalternes; dans ces joies prophétiques, dans ces espérances menaçantes, dans cette arrogance prématurée qui devancent de quelques jours les nouvelles fâcheuses pour les gens de bien et favorables aux méchans; dans cette alternative de repos et d'agitation à laquelle se soumettent les factieux, selon qu'ils sont surveillés ou menagés, afin d'endormir par leur inaction momentanée, la vigilance de l'autorité, comme ces malfaiteurs nocturnes qui, craignant d'être trahis par le bruit de l'effraction, suspendent et reprennent tour-à-tour une œuvre criminelle? Qui aurait pu douter de ce comité-dictateur en rapprochant telles pétitions, tels articles, telles brochures, tels rassemblemens, et telles versions mensongères de tels et tels événemens, se passant à quelques cents lieues de la capitale, et encore ignorés de tous ceux qui n'en étaient pas les complices? Qui aurait pu douter de son existence lorsque, pour ainsi dire, il nous enveloppe dans son atmosphère, et qu'il exhale de toutes parts les preuves d'une alliance méthodique et raisonnée, d'une solidarité immense, d'une assistance pécuniaire et déclamatoire? Lorsqu'enfin les fils d'une trame qui couvre la France et plusieurs peuples entiers furent souvent rompus et toujours renoués avec une incroyable persévérance?

Mais nous le répétons, ces preuves morales ne suffisent point à des jurés, nous n'en chercherons pas non plus dans des rapports officiels ou dans la correspondance des autorités locales dont la lecture éterniserait cette audience. Les preuves que nous vous donnerons seront irrécusables, puisque les principes judiciaires les placent au premier rang : nous voulons parler de la chose jugée, des aveux des accusés eux-mêmes, des pièces trouvées en leur possession ; telles sont en effet les hautes preuves qui découlent des procédures criminelles suivies à Belfort, à Tours, à Aix, à Strasbourg et à Paris, à l'égard de l'affaire de La Rochelle qui vous est plus spécialement attribuée, preuves dont la réunion établissant jusqu'au dernier degré de lumière tous les faits que nous avons articulés, et beaucoup d'autres non moins remarquables, formeront un foyer de conviction où les consciences les plus rebelles à l'ascendant de la vérité sentiront enfin se dissiper leur incertitude.

Le comité-directeur arrêta, en décembre dernier, un plan général d'insurrection. Après de longues délibérations, il avait senti que, ne pouvant plus susciter dans une révolte ni les masses populaires, ni quelqu'homme célèbre, puisque le seul qui méritât ce nom venait d'expirer, il ne lui restait qu'à tenter, à l'aide des militaires et des carbonari, des insurrections partielles qui, éclatant à-la-fois dans diverses provinces, serviraient de point de raillement à tous les mécontens. Ce plan permettait aux conspirateurs de diviser leurs forces, qu'ils n'auraient pu rassembler d'abord sans éveiller l'autorité, et d'agir séparément, pour ensuite former de ces ruisseaux grossis dans leur course, un torrent irrésistible.

Il fut convenu que l'attaque aurait lieu à-la-fois dans les départemens de l'Est, de l'Ouest, et du Midi; le premier soin du comité fut de se ménager des places fortes. Belfort qui, en 1815, avait vu un petit nombre de troupes françaises résister aux armées étrangères, fut d'abord convoité par les conspirateurs. Selon l'acte d'accusation dressé par M. le procureur-général de la Cour royale de Colmar, et d'après les aveux positifs de Letellier, cet officier, ainsi que plusieurs de ses camarades, officiers comme lui au 29e. regiment, furent corrompus, et pervertirent à leur tour quelques sous-officiers qui devaient livrer la place dans la nuit du 1er janvier. Pour seconder ce coup-de-main, la vente suprême ordonna à un grand nombre de ses gens de se trouver à Belfort pour cette époque. Vers la fin de décembre, les voitures publiques de l'Alsace étaient remplies d'une foule de personnages mystérieux qui tous se rendaient à Lure et Mulhausen. Là, ils trouvaient les fourriers de la conspiration chargés de les diriger par étapes, de leur indiquer les moyens de transport, et de leur donner la consigne et les mots d'ordre. C'est ainsi que des élèves échappés aux écoles de Paris, se trouvèrent réunis, dans la saison de l'hiver, entre les froides montagnes du Jura et des Vosges, dans un pays inconnu pour eux et ayant quitté furtivement leurs domiciles, leurs familles, sans faire d'adieux ou sans donner de prétextes plausibles sur un voyage aussi précipité.

La nuit fatale arrive, les conspirateurs sont prêts. Letellier assemble les sous-officiers de la garnison; et, autour d'une table où il leur sert du vin chaud, il les harangue sur les projets et les largesses du gouvernement provisoire, puis les invite à aller attendre le signal de l'action. Presque tous ces officiers étaient gagnés, les autres sont séduits; deux d'entre eux restent fidèles et vont révéler le complot au lieutenant-colonel et au brave lieutenant de roi. Ces officiers se rendent à la caserne; ils trouvent des soldats descendant en armes, d'autres préparant à la hâte leurs sacs et rajustant les pierres de leurs fusils. Ils leur ordonnent d'éteindre leurs lumières et de se coucher : un des traîtres leur enjoint au contraire d'accélérer leurs préparatifs, et frappe de son sabre un soldat qui hésite à obéir. Le tumulte est à son comble, des conjurés sont tour-à-tour arrêtés et délivrés. Un rassemblement se forme à l'extrémité du pont, le lieutenant de roi veut le dissiper; un rebelle décharge son pistolet sur cet officier, qui fond sur lui l'épée à la main, et tombe dans son sang en criant *vive le Roi!* Les troupes fidèles sont attirées par ce coup de feu, et les conjurés prennent la fuite ou tombent dans les mains de l'autorité. Les rues de Belfort, les eaux qui baignent les remparts, sont remplies d'armes, de munitions confectionnées par les insurgés. Des cocardes et un drapeau tricolores sont retirés des latrines; des sackos avec l'aigle, des lettres saisies sur des messagers, achèvent de divulguer les desseins des conspirateurs.

L'arrêt intervenu le 13 de ce mois à la Cour de Colmar, prouve du moins qu'il y a eu complot, puisque plusieurs individus ont été condamnés comme non-révélateurs du complot dont ils avaient connaissance. Il prouve encore que ces individus en avaient en effet une connaissance bien intime, puisqu'ils ont été condamnés au *maximum* de la peine malgré tous les symptômes d'indulgence qu'on laisse parfois éclater envers les non-révélateurs. Nous ajouterons qu'un des accusés, le nommé Letellier, qui s'est présenté comme conspirateur, et qu'on n'a accepté que comme non-révélateur, a confessé, dans tous ses détails, la conjuration à laquelle il avait pris part; nous dirons enfin qu'un grand nombre des accusés sont contumaces, et qu'à leur égard les charges portées dans l'acte d'accusation subsistent toujours.

Tandis que le complot échouait à Belfort, des émissaires, arrivés clandestinement de Paris, tentaient d'enlever le régiment des hussards du Nord, en garnison à Joigny, et leurs manœuvres ont donné lieu à une instruction qui se poursuit dans le département de l'Yonne contre les contumaces. Les carbonari, envoyés en Espagne, recrutaient sur les frontières de France, pour réparer l'échec éprouvé par leur avant-garde qu'avait trop tôt soulevée l'imprudent Cugnet-Montarlot. L'un de ces embaucheurs, le nommé Maillard, officier de l'ancienne garde, a été, le 4 de ce mois, condamné pour ce fait à la peine de mort par un conseil de guerre, séant à Bayonne, et a subi sa peine le 17. En même tems la cour d'assises de Pau condamnait par contumace Cugnet-Montarlot, comme auteur de propositions non agréées de complot. D'autres complots se tramaient dans le Midi et dans l'Ouest. Les nommés Vallée, ex-capitaine dans l'ancienne garde impériale, et Caron, chef de bataillon au 5e. régiment de ligne alors à Marseille, avaient été désignés par la vente suprême pour diriger une insurrection dans les murs de Marseille et de Toulon. A cet effet, ils recevaient de lettres-de-change de Paris sous un nom supposé. Ils parvinrent à affilier aux sociétés sécrètes des *carbonari* un certain nombre d'anciens militaires et d'individus de toute profession. Au jour fixé, ils devaient marcher sur Paris en arborant le drapeau tricolore. Ce mouvement devait être soutenu, disaient-ils, par tous les bons cousins du département, et surtout par le 5e. régiment que le chef de bataillon Caron se vantait de conduire à son gré. Vallée se rendit à Toulon pour se faire des partisans; ne s'ouvrant d'abord que par degrés, il proposait aux soldats et aux marins de le suivre en Orient pour y délivrer les Grecs. Ce sujet lui fournissait une transition pour déclamer contre la tyrannie, puis contre toute espèce de souveraineté. Si l'on applaudissait à ses discours, il parlait plus clairement et apprenait qu'une vaste conspiration, organisée à Paris, devait éclater sous peu de jours, du nord au midi et de l'est à l'ouest. Il engageait ses auditeurs à partager la gloire des révoltés, et à se faire *carbonari*. Ne se fiant point à sa mémoire, il avait écrit, malgré les prohibitions de l'ordre, quelles étaient les obligations principales de cet ordre; il lisait à ses adeptes un écrit ainsi conçu :

« Le but est de conquérir la liberté. Peine de mort contre celui qui viole ses engagemens. Se munir d'un fusil, baïonnette et cartouche. On ne doit pas chercher à connaître les membres d'un autre cercle, ni ceux du cercle supérieur aux ordres duquel il faut obéir; on correspond avec lui par un député. »

Plusieurs citoyens, amis de leur pays, et à qui Vallée s'était ouvert, n'hésitèrent point entre de vains scrupules et le danger de voir la France livrée aux entreprises des rebelles. Ils arrêtèrent Vallée, et l'on trouva sur lui l'écrit que nous venons de rappeler, déchiré en soixante-trois morceaux. Il fut traduit devant la cour d'assises du Var. Tous les faits que nous avons exposés furent prouvés par l'instruction et les débats. Vallée a été puni de mort, et le parti l'a loué publiquement de la fermeté avec laquelle il avait repoussé, en mourant, le ministre de paix qui lui présentait le Dieu de miséricorde. Un de ses complices, Florentin Salomon, expie par dix ans de bannissement des propositions de complot. Caron avait pris la fuite sous le nom d'Henimann. Il ne faut pas le confondre avec un carbonaro du même nom, que le comité envoya délivrer les accusés de la conspiration de Belfort.

Vers le même tems, c'est-à-dire au mois de janvier dernier, d'autres complots, coïncidant avec ceux dont on vient de parler, se fomentaient dans les départemens de Maine-et-Loire et de la Seine-inférieure. Le comité-directeur desirait acquérir Saumur, a cause de son château et de son école royale de cavalerie, composée de sous-officiers que l'on supposait plus faciles que ceux d'un grade supérieur, à se laisser séduire par le chimérique espoir d'un avancement. Le lieutenant Delon fut donc chargé d'initier les élèves de cette école à la secte des carbonari, ou au moins à la société préparatoire des amis de la liberté. Ce dernier titre fut en effet conféré mystérieusement à un certain nombre de sous-officiers. Parmi ces nouveaux frères, Sirejean et Coudert se montrèrent bientôt dignes d'être eux-mêmes les apôtres de l'association. Les nouvelles que Delon recevait de ses commettans à Paris enflaient tellement la présomption des conjurés, qu'ils mettaient peu de soin à cacher leurs projets. Ils faisaient hautement l'énumération des forces du parti, et s'entretenaient dans les corridors de l'école, de la marche des troupes insurgées, des villes qui allaient arborer les couleurs séditieuses, et du tems qu'il faudrait pour se rendre dans la capitale, pour y saluer le nouveau gouvernement.

Ces indiscrétions éveillèrent l'attention des chefs. Quelques-uns des conjurés furent arrêtés ; ceux qui restaient en liberté résolurent d'assassiner le sieur Duval, qu'ils soupçonnaient d'être un des révélateurs ; celui-ci fut prévenu, et par ordre de ses officiers coucha hors de sa chambre, à la porte de laquelle vinrent en effet l'attendre deux assassins.

Le conseil de guerre de la 4.ᵉ division militaire, séant à Tours, fut saisi de cette affaire. Delon qui s'était enfui, fut condamné par contumace à la peine de mort ; la même peine fut prononcée contre Sirejean qui l'a subie ; sept autres individus furent condamnés à plusieurs années d'emprisonnement, pour n'avoir pas révélé le complot dont ils avaient eu une intime connaissance. Deux d'entr'eux se sont récemment évadés de leur prison. Les évasions qui se sont multipliées sur plusieurs points, et toutes les machinations inventées pour arracher les conjurés à la justice, prouvent combien ils ont d'intelligences au-dehors.

A la même époque, c'est-à-dire, au mois de janvier dernier, à ce mois qui est, en quelque sorte, le cratère où le comité-directeur avait accumulé les élémens d'un grand incendie, la lave révolutionnaire devait ravager Nantes.

Aux termes de l'acte d'accusation dressé contre eux, Raymond et Delhaye, officiers au 13.ᵉ régiment de ligne, en garnison à Nantes, proposèrent, le 11 janvier, au sergent-major Feydit et à d'autres militaires, de les affilier à la société des carbonari. Ceux-ci y consentirent; dès-lors on leur exposa les statuts, les obligations, les sermens de l'institution; on leur apprit qu'il s'agissait de faire main-basse sur les officiers suspects, d'arborer le drapeau tricolore et de se joindre avec leurs soldats aux bourgeois-carbonari; qu'on passerait à Rennes et à Angers pour se fédérer avec les bons cousins de ces deux villes; qu'on irait ensemble à Tours, où devait se trouver un renfort considérable, et que de-là, on marcherait sur Paris, où le gouvernement provisoire était si bien préparé, qu'il n'y aurait plus qu'à lever la toile pour le montrer en pleine activité.

Le 22 du même mois, et dans la nuit, les nouveaux *carbonari* furent introduits avec leurs devanciers dans une chambre écartée. Ils y trouvèrent assis devant une table, où il avait déposé ses pistolets, le député du comité de Paris, portant une perruque et des besicles. Il leur dit qu'il était chargé de délivrer des brevets d'avancement à ceux qui s'en rendraient dignes; puis il harangua les carbonari, en leur promettant que bientôt le gouvernement provisoire leur donnerait le signal qu'ils attendaient avec impatience. Le moment d'agir approchait; quelques-uns des conjurés sentirent des remords; ils firent des révélations; il fut procédé contre eux et contre ceux qu'ils avaient désignés. Les débats furent orageux, on entendit la sédition rugir autour du temple de la justice. Les accusés ont été acquittés par une déclaration du jury; ainsi les faits qui leur étaient reprochés, semblent écartés par la force de la chose jugée. C'est du moins ce qu'il faudrait dire, si la plupart des accusés de Nantes n'avaient pas, en avouant eux-mêmes leur culpabilité, renoncé à la présomption d'innocence, que leur absolution semblait proclamer. Que le jury, touché de leurs aveux ou de toute autre circonstance atténuante, ait cru devoir prononcer leur acquittement, personne n'a le droit de censurer cette décison souveraine, rien ne peut ravir à ceux qui l'ont obtenue, le bénéfice qui en résulte, c'est-à-dire, l'assurance de ne plus être recherchés, à l'avenir, pour le fait dont ils sont à jamais libérés. Quant à une réhabilitation morale, ils ont eux-mêmes consenti à ne point la réclamer, puisqu'ils ont confessé qu'ils étaient affiliés à une association dont le but, les conditions et les sermens caractérisaient précisément, ainsi qu'il résulte de leurs propres interrogatoires, les crimes qui leur étaient imputés. Qu'ils se bornent donc à jouir de leur liberté; qu'ils en jouissent mieux, s'il se peut, que quelques-uns de ceux qui, absous par la Cour des Pairs, auraient aussi pu se prévaloir de la chose jugée, s'ils n'avaient pas préféré, à ce simulacre d'innocence qui pouvait les compromettre aux yeux de leur parti, s'élancer du banc de la plus haute et de la plus imposante juridiction dans les élémens d'une nouvelle conspiration, et prouver par-là que la justice la plus sage et la plus éclairée ne saurait elle-même pénétrer jusque dans l'abîme des cœurs!....

Vous avez vu comment tous les complots, préparés pour le mois de janvier dernier, avaient manqué leur effet. Le comité-directeur sera-t-il enfin découragé par ce peu de succès? Non, Messieurs, vous allez le voir conspirer encore. Et pourquoi se serait-il avoué vaincu? N'avait-il donc pas toujours des ressources immenses dans la publicité de ses principes séditieux qui, exerçant sur les générations européennes une sorte de conscription odieuse, fait passer chaque année, chaque jour dans les rangs de la faction, une foule d'êtres égarés? Pourquoi se fût-il avoué vaincu? N'avait-il pas toujours pour auxiliaires le besoin de parvenir par tous les moyens, le mepris des devoirs sociaux, l'abolition des respects humains, la défiance et l'insubordination envers les autorités paternelles et protectrices, la présomption d'une jeunesse prématurée, rejetant avec une dérision bruyante l'expérience qui coûte si cher et dont l'on profite si peu! N'avait-il plus des intelligences dans notre propre camp? n'était-il plus servi en secret par l'indulgence irréfléchie d'une foule de citoyens et même des plus fidèles; indulgence aussi éloignée d'une véritable modération que l'exagération, qui n'est que la colère de la faiblesse, est éloignée de la véritable force? N'avait-il plus dans ses intérêts une philanthropie imprudente et toutes ces fausses vertus du siècle, qui blâment l'énergie comme de l'exaltation et qui conseilleraient de capituler à la victoire elle-même? Ne pouvait-il plus compter sur l'inaction des bons et l'activité des méchans, sur l'absence de toute institution grande, généreuse, monarchique et capable de ramener au sentiment du bien des esprits inquiets, empressés d'explorer le mal pour y trouver des émotions qui ne leur sont plus offertes ailleurs? Pourquoi enfin se serait-il confessé vaincu? avait-il perdu ses trésors? lui avait-on enlevé ses chefs? était-il étroitement cerné, ou bien l'avait-on réduit, par un avantage décisif à résigner son insolente souveraineté? Non, il était encore la puissance du mal, comme la légitimité est la puissance du bien; ses domaines étaient encore entiers, ils étaient immenses, ils s'étendaient jusqu'aux bornes de la patience du Gouvernement, qui mesure sans doute sa modération au noble sentiment de ses droits et à la conscience de sa durée.

Le comité-directeur pouvait donc conspirer encore, et il conspira; ou plutôt il était, sous ce rapport, en permanence, ayant donné ordre à ses affidés de saisir toute occasion de conspirer, attendu que la France entière était préparée à une explosion générale, qui, pour éclater, ne souhaitait que le noyau d'une insurrection pour se grouper à l'entour. D'après ces instructions, chaque vente de *carbonari* épiait donc l'instant favorable à ses projets;

c'est ici qu'il faut vous parler des complots de Thouars, de Strasbourg, et plus particulièrement de celui de La Rochelle.

Le premier complot ourdi à Saumur par Sirejean et ses complices, complot dont nous avons précédemment parlé et qui n'a pu arriver à sa maturité, devait se combiner avec l'insurrection des départemens de l'Ouest. L'échec de Saumur n'avait point ralenti le zèle de tous ceux qui étaient initiés au projet de ce mouvement dirigé par l'ex-général Berton : suivant un acte d'accusation et des pièces de procédure où nous puiserons des renseignemens à ce sujet, ce général, chargé par le comité- directeur de soulever la Bretagne et la Vendée, s'était d'abord rendu à Saint-Malo où il s'efforça de gagner le colonel Rapatel. Il promet à cet officier le grade de maréchal-de-camp et 10,000 fr. de rentes s'il veut disposer son régiment à seconder l'entreprise concertée pour l'expulsion des Bourbons. Ses propositions étant rebutées, il court à Brest et en fait de semblables à un officier de marine qui se hâte de révéler à l'autorité de criminelles confidences. De Brest, le général Berton va à Monteneuf, à Rennes, à Vanne, à Saumur, à Partenay, à Thouars; partout il prophétise une révolution prochaine, il publie que les tems sont arrivés, il montre vingt départemens se soulevant à-la-fois au signal parti de la capitale, il désigne nominativement les membres du gouvernement provisoire; aidé d'une foule de *carbonari*, de *chevaliers de la liberté* et de militaires en retraite, il égare quelques citoyens indignes de fouler ce sol héroïque de la Vendée et de la Bretagne, terre classique du véritable honneur et des vertus monarchiques, terre amie des lys, et de qui l'on pourrait dire qu'il faudrait y chercher la fidélité, si elle se perdait en France.

Ici se place un incident dont il n'est pas fait mention dans l'acte d'accusation de la cour royale de Poitiers, mais que des faits positifs font sortir néanmoins du rang des simples conjectures. Tout porte à croire, en effet, que lorsque le général Berton crut avoir suffisamment préparé l'insurrection de l'Ouest, il revint clandestinement à Paris, afin de s'aboucher avec les coryphées de la faction pour prendre ses dernières instructions et s'enquérir si la découverte des complots de Toulon, de Saumur, de Tours et de Nantes, n'a rien changé aux dispositions générales. Tandis que Berton attend à Paris son audience de congé, il est aperçu, et un mandat d'amener est lancé contre lui. Instruit du danger qui le presse, il quitte précipitamment la capitale, il se persuade qu'il n'est plus pour lui de sécurité qu'à la tête des carbonari qui lui ont donné parole dans le département des Deux-Sèvres, et qui ont pris la ville de Thouars pour leur quartier-général. Cette précipitation qui fit échouer l'entreprise, provoqua les réprimandes du comité-directeur irrité que le général Berton eut agi sans avoir reçu ses derniers ordres. Quoi qu'il en soit de cette version que semble justifier, et l'existence du mandat d'amener, et le blâme qui fut déversé dans la haute vente sur le général Berton, il est certain, et ici nous rentrons dans l'acte d'accusation de la cour royale de Poitiers, que le général se rendit à Thouars, où ses principaux agens, le colonel Alix, le lieutenant Delon, Pombas, officier à demi-solde, commandant la garde nationale de Thouars et plusieurs bourgeois de cette ville, avaient pris soin d'appeler les conjurés des lieux circonvoisins. Ils accoururent de Parthenay, de Thénezay, de Nantes; d'autres restèrent dans leurs arrondissemens respectifs afin de disposer les esprits à prendre part à l'insurrection et fomenter des rassemblemens populaires.

Dans la nuit du 24 février, le général Berton avait revêtu son grand uniforme au milieu de tous les conjurés, qu'il divisa en plusieurs bandes, après leur avoir fait prendre la cocarde tricolore. Les uns se rendent à la caserne de la gendarmerie, et par surprise ou par menace font main-basse sur la brigade; d'autres font sonner le tocsin et battre la générale, procèdent à des arrestations, à des visites domicilières, à des confiscations, et font planer sur cette anarchie l'étendard aux trois couleurs; le buste du roi est outragé, des vociférations révolutionnaires retentissent de toutes parts, le gouvernement provisoire est exalté, et deux proclamations sont publiées. Dans l'une, adressée au peuple, on annonce le renversement de l'autorité royale et la suppression des contributions indirectes; dans l'autre, adressée à l'armée française, on cherchait, comme de coutume, à flagorner les soldats, on préconisait leur parjure, on fardait leur trahison.

Berton, qui avait signé ces proclamations comme général commandant l'armée nationale de l'Ouest, décréta en cette qualité une nouvelle organisation des autorités locales, puis annonça qu'il fallait marcher sur Saumur, où les membres du gouvernement provisoire viendraient s'installer.

Il marcha sur Saumur avec sa bande, que joignirent chemin faisant une foule de carbonari et de chevaliers de la liberté. Les complices de Rennes, de Nantes, de Vernoil, de Varrains et autres lieux, furent exacts au rendez-vous; ils se dirigèrent vers Saumur, tandis que d'autres conjurés secondaient le complot dans l'intérieur de cette ville.

Berton traverse Montreuil aux cris de *vive la liberté, vive Napoléon II!* Il y reçoit des émissaires qui lui apprennent que tout est prêt pour le recevoir à Saumur. Mais sur ces entrefaites les autorités de cette place sont instruites de sa marche, et la garnison prend les armes. Après des pourparlers dont il est inutile de vous rendre compte, Berton fut forcé de se retirer, et bientôt sa bande se dispersa; plus tard il revint aux mêmes lieux dans l'espoir d'y tenter les mêmes entreprises, et c'est alors qu'il fut pris et livré à la justice.

Tandis que l'on conspirait à Thouars, on conspirait aussi à Strasbourg.

Le succès des carbonari à Strasbourg eût bien réparé l'échec de Belfort. On essaya donc au mois de mars dernier, de souffler un mauvais esprit sur la garnison de cette place. Il résulte des dépositions des témoins, et même des déclarations de deux accusés, que des officiers y cherchèrent des partisans de la charbonnerie; ils révélaient à leurs adeptes, dans les mêmes termes que l'avaient fait les meneurs de Toulon, de Saumur, de Nantes et autres lieux, quels étaient les devoirs et les projets de cette société secrète; ils donnaient à ceux qu'ils y admettaient, des renseignemens qui justifiaient encore tout ce que nous avons dit sur l'organisation, le but, les moyens, les actes des membres de la secte et de l'existence d'une vente suprême instituée à Paris. La vente des carbonari de Strasbourg fut découverte.

Le second conseil de guerre de la 5.e division militaire prononça sur cette affaire; les accusés furent condamnés; leur révélation et le repentir qu'ils témoignèrent plus d'une fois pendant l'instruction ont-ils milité en leur faveur lors de l'application de la peine? nous l'ignorons; mais quelles que soient les considérations qui l'aient atténuée, cette peine, toute légère qu'elle est, prouve au moins, en la rapprochant des aveux des accusés, qu'il y avait, de la part de ces derniers, initiation à la société secrète des *carbonari*, à cette société que ses statuts ont armée pour le renversement de la dynastie et de toute puissance légitime, à cette société, qui reçoit son impulsion du pouvoir placé au milieu de sa trame.

Tout ce qui précède est l'avenue naturelle du procès que vous allez juger, ou plutôt c'est une partie inhérente à ce procès, sur lequel vous ne pouvez statuer qu'en le considérant dans son ensemble, c'est-à-dire, dans le système général auquel il se lie. Vous avez à prononcer sur des accusés initiés à la secte des *carbonari*; il fallait donc, préalablement, faire connaître à ses œuvres, cette société secrète et le but qu'elle se propose; vous avez à prononcer sur des accusés trouvés dans une conspiration, il fallait donc, avant tout, vous apprendre quelle était cette conspiration, dont vous n'auriez jamais pu apprécier la gravité si nous nous étions borné à discuter la cause proprement dite, car elle n'est en quelque sorte qu'un fragment d'une grande accusation partagée entre les tribunaux du Var, d'Indre-et-Loire, de la Vienne, du Haut-Rhin et de la Seine : telle est la pensée qui doit dominer toute la discussion à laquelle nous allons maintenant nous livrer.

Le 18 avril 1821, le 45e. régiment de ligne vint à Paris : ce régiment avait un excellent esprit, qu'entretenait son colonel, M. le Marquis de Toustain, remarquable par son dévouement, par la loyauté de son caractère et toutes le qualités de sa profession. Cet ancien militaire, secondé d'un corps d'officiers recommandables, avait su entretenir parmi ses soldats le feu sacré de la fidélité, et en arrivant à Paris, il ne suspectait que les opinions de deux seuls individus, le capitaine Massias et le sergent-major Bories. Mais le séjour de la capitale, où la surveillance des chefs est moins immédiate, dut exposer le 45e. aux moyens de captation que le parti sait artistement préparer.

Vous ne l'ignorez pas, Messieurs les Jurés, c'est principalement autour des écoles et des casernes que la politique de la vente suprême a tendu ses filets. C'est là que circulent et ses adulations hypocrites, et ses perfides séductions, et ses adroits mensonges, et toutes les ruses de sa perversité. Vous avez entendu le témoin Laumeau vous dire que trois individus décorés l'avaient attiré dans un café à Paris, et lui avaient proposé d'entrer dans une association où il recevrait de l'argent quand il en aurait besoin.

Aux termes de l'acte d'accusation, le capitaine Massias fut d'abord recherché de plusieurs carbonari élevés en dignités; il fut initié à l'association, et il dut en connaître les chefs, mais cet officier, soit indolence ou circonspection, ne montrait pas dans ses nouvelles relations une ferveur et un dévouement qui pussent promettre à ses patrons un propagateur des maximes dont ils l'avaient infecté. Ils jetèrent donc les yeux sur un homme plus entreprenant, plus actif et plus digne d'être l'apôtre des *carbonari* dans le 45.e régiment ; peut-être même pour se faire excuser sa tiédeur, le capitaine Massias s'empressa-t-il de chercher un second capable de faire ce qu'on osait attendre de lui. Quoi qu'il en soit, le sergent-major Bories fut reçu *carbonaro* et chargé d'organiser une *vente* dans le sein de son régiment. Il montra, dans cette mission, autant d'ardeur que le capitaine Massias montrait de prudence. Il s'adressa à un grand nombre de sous-officiers ; les uns s'effrayèrent du serment, les autres de l'entreprise. Ces résistances lui apprirent à ne procéder que par degré et à lever peu à peu le voile de la secte conspiratrice aux yeux timides qui ne pouvaient tout d'un coup envisager un grand forfait. Mais il n'usait pas de ces ménagemens préliminaires à l'égard de ceux qui, dès les premières ouvertures, se montraient ce qu'on désirait qu'ils fussent. Bientôt, selon l'esprit propagateur de la charbonnerie, les élèves de Bories devinrent eux-mêmes des maîtres. Il reçut notamment les sergens-majors Pommier, Labouré, Castille ; les sergens Goubin, Hue, Cochet, Barlet, et les caporaux Gautier, Thomas et Lecoq. Ceux-ci font des recrues à leur tour : Labouré séduit le sergent Asnès ; Goubin entraîne le sergent Raoulx et le caporal Demait. Enfin, et si nous poursuivons cette généalogie contagieuse, nous voyons Pommier engendrer pour la charbonnerie le sergent Dutron, et, en attendant mieux, le soldat Bicheron; de son côté, Raoulx animé du même zèle, gagne le sergent Perreton et le soldat Lefèvre. Bicheron et Lefèvre furent les seuls soldats du 45.e régiment qu'on voulut ou qu'on put initier. Ces simples militaires coûtaient à séduire autant que les sous-officiers, et n'avaient pas autant d'influence. C'était une corruption individuelle, et il fallait une corruption par masses; on dédaigna donc de s'adresser aux soldats pour procéder d'une manière plus expéditive en s'assurant des sous-officiers, qui ensuite sauraient bien se faire obéir de ceux qui étaient sous leurs ordres, sans qu'il fût besoin de faire descendre jusqu'à ces derniers, les secrets des *carbonari*.

Bories, chef, et en quelque sorte créateur d'une vente militaire dans le 45e. régiment, présidait cette vente, et en conséquence procédait à la réception solennelle des adeptes; il accueillait les sermens qu'il leur faisait prêter sur la lame d'un sabre ou d'un poignard; il leur indiquait le but de la conspiration, il leur promettait de l'avancement.

Sa double qualité de fondateur et de président de la vente du 45e. régiment lui donnait d'autres prérogatives; elle le constituait de plein droit député de cette vente particulière à la vente centrale dans le ressort de laquelle elle se trouvait, et qui se nommait la vente *Wasingthon*. Là, un plus grand horizon s'étendait devant lui; car cette vente centrale, ainsi que toutes les ventes de ce rang intermédiaire, communiquait, par l'entremise de l'un de ses membres, avec la haute vente dont elle recevait immédiatement les ordres. Cette espèce de soupirail ouvert en quelque sorte sur le repaire du gouvernement occulte, laissait arriver jusqu'à la vente centrale où Bories se trouvait appelé, les exhalaisons de ce nouvel enfer; aussi chaque fois que le président de la *vente* du 45e. y était admis, il allait ensuite échauffer du feu dont il était embrasé, les tièdes résolutions des membres de cette vente roturière éloignée du foyer principal. Les interrogatoires que l'accusé Hénon a subis le 8 avril, et que l'accusé Pommier a subis le 25 mars, et les 6 et 15 mai, nous ont initié aux mystères de la vente centrale dont relevait Bories. Cette vente était présidée par Baradère, avocat stagiaire; on y voyait figurer Hénon, ancien militaire, et depuis instituteur dans le faubourg Saint-Marceau; Rosé, employé à la compagnie royale d'assurance; Gauran, étudiant en médecine.

Baradère, comme président, était député à la haute vente dont il transmettait les volontés aux députés des ventes particulières qui relevaient de la vente centrale. Les *carbonari* qu'il présidait l'interrogeaient avec empressement sur les projets des chefs, et sur l'espèce de gouvernement qui devait succéder à celui qu'on allait détruire. Baradère avouait que le comité directeur n'était pas d'accord sur ce point; il déplorait avec les siens cette divergence d'opinions, capable de décourager les *carbonari;* la vente centrale de Baradère désira sortir de cette incertitude, et savoir enfin si elle travaillait pour la république ou pour l'empire; elle fit à la haute vente une adresse énergique en l'invitant à se déclarer.

La haute vente censura l'indiscrétion de ses subordonnés, et leur rappela qu'une obéissance aveugle était un de leurs premiers devoirs; au surplus elle daigna leur faire entendre que ce qu'elle voulait, était, non pas de prendre la liberté d'imposer un gouvernement au peuple, mais de détruire les obstacles pour le mettre en état de choisir lui-même.

Bories avait acquis dans ses relations avec la vente Wasingthon toutes les qualités d'un conspirateur. Sous son influence active, la vente militaire du 45e. régiment s'était complétée; elle était prête à seconder de tous ses efforts le mouvement général. Bories fit part de ses dispositions à Baradère, et lui apprit en même tems que le régiment devait partir le 21 janvier 1822 pour La Rochelle. Ils convinrent ensemble qu'avant ce départ il fallait procéder à la distribution des poignards, cérémonie qu'on avait jusqu'alors ajournée, parce qu'on craignait que des militaires français ne trouvassent point de leur goût de pareils présens.

Bories ayant reçu les poignards, les uns en lames, les autres emmanchés, invita quatre membres de sa vente, les accusés Pommier,

Goubin, Raoulx et Thomas, à l'assister dans la répartition de ces armes criminelles. Si l'on en croit les déclarations de ces quatre accusés, renfermées dans les interrogatoires qu'ils ont subis, tant à La Rochelle qu'à Paris, ce n'est qu'en frémissant et avec hésitation qu'ils acceptèrent une pareille mission; selon eux, Bories n'aurait vaincu leur répugnance qu'en leur disant qu'ils n'étaient plus maîtres de refuser, d'après leur serment formidable : ces accusés se crurent donc obligés de rester fidèles aux sermens du crime, quand ils n'avaient pas hésité à trahir ceux qu'ils devaient à leur roi, à leur patrie.

C'est sans doute un spectacle abject et déplorable, que cette importation des poignards en France, que cette apostasie de l'honneur national. Ici vous voyez, comme en toutes les autres occasions, les discours des factieux démentis par leurs actions, car tandis qu'ils ne cessent d'exalter la gloire militaire, ils voudraient la flétrir en imposant à nos guerriers l'arme des traîtres et des lâches. C'est ainsi qu'on vit leurs aînés, durant la révolution, pénétrer dans les camps sous le titre de proconsuls, pour y déshonorer la victoire par de froides atrocités. Dans ces tems de terreur et d'épouvante les soldats osaient cependant refuser l'office des bourreaux ; faut-il que de nos jours il s'en soit trouvé qui aient prononcé les sermens et agréé le fer des assassins! Que cette honte soit leur première punition! leur main, qui a touché le poignard, sera condamnée à trouver pesante l'épée du brave, et ils baisseront désormais les yeux en passant devant les trophées de leurs frères.

Cependant, Messieurs, il est doux de croire que plusieurs des accusés ont éprouvé une impression pénible en recevant ces poignards; c'est peut-être parce qu'il les vit inquiets et préoccupés que Bories fit sentir à la *vente* centrale le besoin de raffermir par quelque moyen leur esprit chancelant. Il en fut référé à la haute vente, qui vota une allocation de fonds. Ces fonds furent remis aux principaux membres de la vente militaire pour faire boire les soldats carbonari. A la faveur du vin, on leur tenait des discours propres à relever leur courage; on leur disait que l'affiliation des carbonari couvrait toute la France, et que les chefs les plus habiles et les plus renommés composaient le comité-directeur. Mais ces orgies et ces propos, loin d'exciter l'enthousiasme de la plupart des conjurés, leur causaient une sorte d'inquiétude en leur faisant pressentir le moment prochain d'une action périlleuse où ils se précipitaient en aveugles, sans autres garantie des ressources qu'on leur promettait que les paroles du sergent-major Bories. La crainte de se compromettre sans espoir de succès, et de se voir abandonnés à leurs propres forces dans une entreprise téméraire, en rendit quelques-uns incrédules et défians. Ils désiraient que Bories leur prouvât qu'ils étaient soutenus par des auxiliaires déterminés à les secourir et à partager leur bonne ou leur mauvaise fortune.

Le président de la vente militaire fit un rapport à la vente centrale sur la position où il se trouvait; on y eut égard, et il fut résolu que pour inspirer de la confiance aux membres de la vente militaire, on leur enverrait des députés de la vente centrale, chargés de les haranguer et de fraterniser avec eux.

Comme président, Baradère fut désigné; mais soit qu'il craignît de donner une étendue trop excentrique à ses relations, et de multiplier ainsi les chances périlleuses, soit que tout orgueilleux de frayer avec les hauts et puissans personnages de la vente supérieure, ce jeune apôtre de l'égalité dédaignât de s'aboucher avec des carbonari de troisième classe, il fit nommer à sa place l'accusé Hénon, qui a déclaré lui-même avoir accepté au refus de Baradère la commission dont il s'agit. On lui donna pour acolytes les accusés Gauran et Rosé.

Il résulte des aveux d'Hénon qu'il chercha un local pour y réunir la vente du 45e. régiment. Il s'adressa à Gaucherot, marchand de vin, Montagne Sainte-Geneviève, à l'enseigne du Roi-Clovis, et lui demanda une chambre qui pût contenir une quinzaine de personnes.

Les sous-officiers de la vente du 45e. régiment s'y rendirent en effet par groupes séparés, prétextant que leur réunion avait pour objet un assaut d'armes, bien qu'ils n'eussent point de fleurets, et qu'on n'ait entendu aucun bruit indicateur d'un pareil exercice. Les trois commissaires de la vente centrale Wasingthon y vinrent de leur côté. En entrant ils demandèrent à Gaucherot où était la réunion des militaires.

Après avoir vidé quelques flacons, on aborda le véritable sujet de la réunion : Gauran et Rosé se félicitèrent de se trouver avec de braves militaires, et par suite de complimens ils cherchèrent à monter l'esprit de leurs convives au ton du discours que l'orateur Hénon avait composé d'après les idées de Baradère. On fit silence, Hénon prit la parole, il débuta par l'éloge obligé des armées françaises, il venta la gloire dont elles se couvrirent en 1792 lorsqu'elles marchèrent à la conquête de la liberté et que le bruit de leurs pas ébranlait les trônes de l'Europe; cette époque où le principe de l'égalité ne fut imposé que le tems strictement nécessaire pour que la puissance et la fortune changeassent de place, et devinssent, au détriment de ceux qui les possédaient, le partage des plus obscurs; cette époque où tout-à-coup grandirent tant de nouveaux personnages, en montant sur les débris de l'État bouleversé, devait plaire en effet à des auditeurs subalternes qui croyaient que dans leur intérêt une seconde révolution était indispensable.

Après avoir ainsi captivé leur attention par son exorde, dont le sens indiquait la recette des fortunes militaires, l'orateur leur donna le grand et mémorable exemple des armées espagnoles, ou plutôt de quelques régimens qui, brisant le frein d'une discipline importune, avaient d'eux-mêmes dicté des lois à leur souverain, à leur pays, et donné le branle aux guerres civiles qui ravagent la péninsule, avilissent l'autorité légitime, répandent le chaos de l'anarchie, le tout pour la plus grande gloire possible de quelques soldats révoltés.

Ces discours échauffèrent l'imagination des carbonari de la vente militaire ; ils se séparèrent enchantés de l'avenir que le prophète Hénon était venu dérouler à leurs yeux, et toute la nuit qui suivit ce beau jour, les trophées des Quiroga et des Riégo troublèrent le sommeil des sergens et des caporaux du 45e.

Le 45e. régiment devait partir peu de jours après ; il partait, et toutes les précautions étaient prises pour qu'il ne trahît point la confiance du comité-directeur. On avait distribué de l'argent aux soldats, on avait donné des instructions à Bories et au capitaine Massias ; ce dernier, bien que n'agissant point en apparence, ne voulant pas éveiller les soupçons ou compromettre son grade par les signes ostensibles d'une grande intimité avec des sous-officiers, n'en était pas moins resté en rapport avec les carbonari du cercle supérieur. Ceux-ci voulant ménager la seule épaulette qu'ils eussent dans le 45e. régiment, traitaient ce capitaine avec distinction, il était à leurs yeux une espèce de président honoraire de la vente militaire, ou plutôt c'était à lui que l'on devait adresser les ordres du comité-directeur et le dernier signal de l'insurrection.

Armés de poignards, munis d'exhortations perfides, approvisionnés de toutes sortes de maximes révolutionnaires, les carbonari de la vente militaire se mirent en marche avec leur régiment : ils arrivèrent à Orléans. Bories, qui était toujours le chef visible de cette vente, et qui savait que Massias devait recevoir d'un moment à l'autre l'ordre d'agir, voulut préparer ses complices à ce mouvement prochain; tous savaient qu'ils étaient engagés par serment dans un complot dont le but était de changer le gouvernement; mais la plupart ignoraient quand le complot devait éclater, et comment il éclaterait. Pour les instruire sur ce point d'une manière uniforme, Bories imagina de les réunir à un grand dîner dans la ville d'Orléans, à l'auberge de la Fleur-de-Lis. L'accusé Pommier a déclaré qu'il s'y trouva dix-neuf à vingt personnes. Goubin, Raoulx, Asnès, Bicheron, Barlet, Demait, Dutron, Gauthier, Labouré, Lecoq et Thomas, avouent qu'ils y ont assisté. L'un d'eux, l'accusé Bicheron, était même le prétexte de cette réunion; ce carbonaro n'avait pas été initié avec l'appareil et les cérémonies d'usage; il fallait compléter sa réception, et c'était pour y procéder qu'on rassemblait les *bons cousins*. A la fin du repas, et après la réception solennelle de Bicheron, le président Bories prit la parole : il dit qu'étant à la veille d'agir, il était important que tous les conjurés connussent bien le plan, le but et les moyens de la conspiration; il leur rappela d'abord, *et l'analyse de ce discours est, comme nous le verrons, le résumé fidèle de quatorze déclarations*, il leur rappela qu'étant carbonari, ils devaient se pénétrer du serment et des obligations que ce titre leur avait imposés; que le moment de vaincre ou mourir pour la liberté était arrivé; que selon toute apparence le régiment n'irait pas jusqu'à La Rochelle, et qu'il s'arrêterait après l'étape de Tours, c'est-à-dire à Sainte-Maure, où commencerait l'exécution; que la destination présumée du 45e. régiment, d'après le plan général, était de se joindre aux insurgés du pays et de marcher sur Saumur dont les portes lui seraient livrées par la garnison qui était gagnée; il ajouta qu'il attendait chaque jour ses dernières instructions, et qu'il les recevrait sans doute à Tours.

Ces explications positives dévoilaient tout le complot, et les carbonari du 45e. régiment savaient dès lors à quoi s'en tenir. Les moins résolus, ceux qui déjà avaient montré quelque hésitation à Paris, et ceux qui n'avaient pas encore médité sur l'énormité du crime où ils étaient entraînés, firent bientôt des réflexions salutaires; ils prirent la résolution de rompre les liens qui les attachaient à la conjuration dont ils cessèrent de faire partie, mais que cependant ils ne révélèrent pas ainsi qu'ils le devaient aux termes de la loi.

Bories, loin de se décourager par cette défection, ne laissait échapper aucune occasion d'exalter l'esprit de ses complices, lorsqu'un événement qui ne devait pas figurer au procès, mais sur lequel Bories avait compté pour faire du scandale aux débats, et pour fournir un texte de déclamation à l'esprit de parti, obligea le colonel de son régiment à le casser provisoirement et à le mettre à la garde du camp pendant la route, puis en prison à l'arrivée.

Cet accusé n'en fut que plus irrité, et craignant de ne pouvoir à l'avenir agir aussi librement, il chargea Goubin de le remplacer près des carbonari du régiment.

Le 12 février dernier le régiment arriva à La Rochelle, et le jour même Bories fut mis à la prison militaire. Goubin, son successeur, et Pommier qui, après Goubin, était son plus cher confident, vinrent aussitôt conférer avec lui. Il leur recommanda de nourrir et de propager le feu de la révolte parmi les sous-officiers du régiment, d'entretenir fidèlement des intelligences avec les émissaires de Paris, et enfin de ne négliger aucune des mesures propres à assurer le plein succès de la conjuration.

Le 21 février, M. le colonel Toustain reçut de M. le lieutenant-général Despinois l'ordre de faire transférer à Nantes le sergent-major Bories. Voici à quelle occasion. Lorsque le régiment passa à Poitiers, le colonel permit à Bories, qui avait la fièvre, d'aller coucher dans son logement ; là, il fit parade d'une bourse remplie d'or et tint des propos séditieux, dont M. le vicomte de Malartic, maréchal-de-camp, commandant le département de la Vienne, eut bientôt connaissance, il en rendit compte au lieutenant-général Despinois qui ordonna la translation de Bories dans les prisons de Nantes.

Bories, avant son arrestation, avait confié à Goubin quatorze poignards qu'il tenait en réserve pour en armer les *carbonari* futurs ; il le chargea de les remettre à Pommier, pour en faire la distribution au fur et à mesure des réceptions. Il lui restait encore des cartes de reconnaissance, inventées, comme on l'a vu, par le comité-directeur, pour établir des relations entre les agens voyageurs et les ventes départementales ; Bories les fit porter, avant son départ, à son confident Pommier, qui en est convenu.

Fidèles aux exhortations dont Bories avait échauffé ses adieux, Goubin et Pommier voulurent se montrer dignes de remplacer un si fervent *carbonaro*. Ils firent trois nouvelles recrues, Goupillon, Dariot-Seq et Lefebvre ; ils s'abouchèrent avec un quidam de La Rochelle, président de la grande vente de cette ville, qui leur annonça officiellement que Saumur était prêt, et que, sous trois jours, le drapeau tricolore flotterait à Nantes. Goubin espéra que ces heureuses nouvelles pourraient enfin arracher Massias à sa nonchalance habituelle ; il fut donc le trouver au moment où cet officier, déjà intimidé par l'arrestation de Bories, venait d'apprendre que le coup de Saumur et de Nantes avait manqué; aussi quels que fussent ses efforts, il ne put l'arracher à sa léthargie. Il est évident que dès-lors Massias craignait de compromettre ses épaulettes dans une entreprise qui commençait à crouler.

Ces sombres pressentimens n'attristèrent point Pommier et Goubin, et bientôt se raviva toute leur ferveur lorsqu'ils apprirent que les commissaires de Paris, attendus depuis si longtems, venaient enfin d'arriver à La Rochelle. Ils furent invités à se trouver au Café du Port, rendez-vous habituel des conjurés, pour y recevoir des communications. Ils s'y rendirent et y rencontrèrent un individu qui leur proposa de les suivre. Arrivés hors de la ville, et dans un endroit écarté, ils apprirent que le commissaire de Paris était en effet arrivé, ainsi que le général chargé de commander l'insurrection. Goubin qui, dans ses interrogatoires, déclare ces faits, garde le silence sur le nom du commissaire et celui du général. Quant à ce dernier, tout démontre au procès que c'était l'ex-général Berton qui cherchait, après l'équipée de Thouars et de Saumur, à réparer cet échec et à former un point de ralliement à tous les *carbonari* de l'Ouest. On invita Goubin à venir conférer le lendemain avec ces deux personnages.

Ce dernier, fier d'un pareil honneur, et n'imaginant pas comment le capitaine Massias refuserait d'en prendre sa part, lui adressa par écrit une invitation pour se rendre à la conférence. Massias avoue qu'il a reçu la lettre, mais il n'a point assisté à cette conférence.

Goubin s'y rendit seul, car Pommier était retenu par son service, muni des cartes de reconnaissance ; il avait suivi un guide qui, l'ayant conduit dans un lieu solitaire, l'y laissa quelque tems. Ce guide était allé s'enquérir s'il plairait au député de Paris de recevoir, en ce moment, un carbonaro du troisième ordre. Il vint prendre Goubin, que le député permettait d'introduire devant lui. Celui-ci lui donna audience dans une maison isolée, et s'étonna d'abord de ne pas voir le capitaine Massias ; il s'écria que son refus de comparaître était une violation des promesses qu'il avait faites à Paris, et il chargea Goubin d'aller lui porter, comme une réminiscence de ses sermens, un mouchoir à carreaux rouges, blancs et bleus. Ce signe et les cartes dont il était porteur devaient lui inspirer toute confiance. Il ajoutait que si le capitaine venait au rendez-vous, il devait prendre un côté de la route ; que lui, commissaire, suivrait l'autre côté ; que chacun devait avoir un livre à la main, et qu'avec ces précautions ils pourraient s'aborder sans danger : tels sont les renseignemens positifs donnés par Goubin dans ses interrogatoires des 26 mars et 8 mai.

Goubin alla de suite dérouler le mouchoir aux yeux de Massias, qui refusa de déférer à cette injonction.

Peu de jours après, des bourgeois se présentèrent à la caserne de Goubin ; on se fit les signes des carbonari, et, s'étant reconnus pour *bons cousins*, on se rendit au Café du Port. De là un guide conduisit Goubin sur la route de l'Aumont, où devaient se rendre le commissaire et le général; celui-ci ne put s'y rendre, mais le commissaire s'y trouva avec plusieurs militaires en habit bourgeois. Cet individu qui se produisait en qualité de député du comité-directeur, se fit rendre compte du nombre et de l'esprit des *bons cousins* du 45e.; il dit ensuite qu'il était tems de s'entendre avec les bourgeois, attendu que le moment de l'exécution approchait; que Poitiers, Niort et autres villes devaient seconder La Rochelle; enfin il transmit à Goubin le plan d'attaque, d'après lequel il s'agissait de former deux pelottons, dont l'un se porterait chez le colonel et l'autre chez le général, pour intercepter entre eux toute correspondance. Il termina en donnant l'ordre aux militaires, qui l'accompagnaient en guise d'aide-de-champ, de se rendre au café le lendemain pour apprendre à Goubin ce qu'il y aurait de nouveau. Le lendemain, on lui apprit que le général Berton était à quelques lieues de la ville.

Dépositaire de tant d'instructions importantes, Goubin crut devoir en faire part aux conjurés. Il convoqua tous ceux que ne retenait point leur service. Cette réunion eut lieu le 10 mars à l'auberge du Lion-d'or, dans le village de Lafond.

Goubin apprit à ses conjurés que les bourgeois carbonari prendraient part au mouvement, et qu'ils s'étaient chargés de garder le logement des officiers, pour les empêcher de se rendre au quartier où les Carbonari de la vente militaire feraient arborer aux soldats cocardes et drapeau tricolores. Tout fut convenu et arrêté dans cette réunion. Le moment était si voisin, que Goubin allait chaque jour recevoir l'ordre du commissaire. Cependant le colonel du 45e. régiment ne pouvait ignorer qu'on cherchait à séduire une partie du régiment. Dès le 19 février, c'est-à-dire, un mois avant la découverte du complot, le général Nagle, commandant le département de la Charente-inférieure, lui écrivait officiellement pour le prévenir qu'un individu se rendait à La Rochelle sous le titre de commis-voyageur; qu'il portait des armes et beaucoup d'or; qu'on présumait qu'il avait des instructions pour s'aboucher avec les affidés qu'il pouvait avoir dans le 45e. régiment. Le 21 du même mois de février, le lieutenant-général Despinois écrivait aussi au colonel, que tout annonçait que son régiment était sérieusement travaillé. M. le marquis de Toustain et son digne adjudant-major M. de Bourdillat, n'avaient pas attendu ces avis pour surveiller le corps qui leur était confié. Ils s'étaient aperçus que certains sous-officiers, tels que Pommier, Raoulx et autres, faisaient, depuis quelque tems, des dépenses qui excédaient leurs moyens. Des démarches et des propos suspects avaient aussi éveillé leur attention; leur vigilance redoubla. La sévérité du colonel dut tomber d'abord sur Goubin, à raison des mauvais bruits qui circulaient sur son compte depuis son entretien avec le président de la vente de Niort, entretien dont il n'avait pas rendu un compte satisfaisant; le 15 mars il fut conduit à la salle de police.

Pommier lui succéda aussitôt. Il se fit conduire par le guide accoutumé vers le commissaire; et après avoir justifié, par l'exhibition des cartes, de sa qualité, il rendit compte de l'arrestation de Goubin. Le commissaire le substitua à ce dernier, renouvela les confidences qu'il avait précédemment faites, et lui dit qu'il s'agissait de vaincre ou de mourir; que, quant à lui, il ne quitterait pas La Rochelle avant l'affaire, fixée au dimanche suivant.

Pommier rassembla ses complices. Goubin parvint à gagner le gardien de la tour, et, déguisé en bourgeois, il alla souper avec eux. Pommier leur apprit que six heures avant l'attaque le général Berton entrerait en ville pour prendre le commandement, et qu'on donnerait aux chefs des conjurés de l'argent, des cartouches à distribuer.

Pommier quitta ses convives, car il avait un rendez-vous avec le commissaire; celui-ci entra avec lui dans de nouveaux détails sur les moyens d'attaque; il revint apprendre ce qu'il y avait de nouveau à ses complices qui étaient encore assemblés. Les événemens se passaient, on attendait le signal d'un moment à l'autre, l'oreille épiait le bruit de la générale ou du tocsin. Pommier donna quelques poignards à ceux qui n'en avaient pas, puis il se rendit à deux lieues de La Rochelle, annonçant à ses camarades qu'il allait se concerter avec les émissaires. On reconnut la nécessité de presser l'événement à cause de l'arrestation successive de Bories et de Goubin, qui faisait craindre quelques révélations. Il fut convenu que le mouvement aurait lieu la nuit suivante; on était au 17 mars.

Pommier dîna au Soleil-d'Or avec plusieurs des conjurés; il leur dit que l'affaire ne serait pas reculée plus loin que la nuit prochaine, à quatre heures; que dans la soirée il irait prendre le dernier ordre et chercher l'or promis. Tous se préparèrent. Asnès alla trouver Fremand, tambour de sa compagnie, et qui était alors à la cantine. Il le fit sortir en lui disant : « Ne buvez pas, parce que vous battrez cette nuit la générale. » Le tambour ayant démandé à haute voix, pourquoi battre la générale? Asnès lui répondit : « Ne parlez pas si fort, c'est cette nuit que se fera le grand coup. »

Le soir, Pommier se déguisa en paysan afin de sortir du quartier après l'appel. Un gros bâton à la main, et feignant de boîter, il avait déjà dépassé le seuil de la caserne, lorsqu'il fut remarqué par un adjudant-sous-officier qui crut démêler un déguisement. Il interpella le faux paysan, qui se mit à fuir : l'adjudant Le conte l'arrêta, et Pommier, confus de cette aventure, fut consigné à la salle de police.

Cet accusé sentit le danger de sa position. Les émissaires du comité-directeur et le général étaient entrés en ville sur sa parole, et l'y attendaient depuis quelques heures avec de l'or et des instructions; ils avaient fait prévenir les bourgeois affiliés à la secte; tout était prêt, et tout manquait par l'arrestation du chef de la vente militaire, dont le déguisement à une heure indue pouvoit, en excitant les recherches de l'autorité, amener la découverte de la conjuration. Ses complices partageaient son anxiété; trois d'entre eux, Raoulx, Asnès et Goupillon conjurèrent le sergent de garde de laisser à Pommier quelques instans de liberté, pour qu'il pût, disaient-ils, satisfaire à un rendez-vous de galanterie. Le sergent ne fut point touché de leurs instances. Alors Pommier imagina de se faire suppléer près des commissaires par Raoulx, qui en effet alla trouver les deux personnages, auxquels il apprit la mésaventure de son camarade. Mais dans son trouble, Pommier avait oublié de remettre à son émissaire les cartes de reconnaissance. Les deux individus ne le voyant point exhiber ce signe préalable, craignirent qu'il ne fût un agent de la police. Ils lui répondirent sèchement qu'ils ne connaissaient point Pommier, qu'ils ne prenaient aucun intérêt à lui, et qu'ils ne savaient pas ce qu'on voulait leur dire.

Pommier, informé de ce nouveau contre-tems, rêve à quelque expédient; il appelle Asnès et Bicheron qui rôdaient autour de la salle de police, et trompant la vigilance du sergent de garde, ceux-ci parvinrent à dérober les clés et à faire évader Pommier, qui, une heure après, rentra dans sa prison. Ce court moment de liberté avait été mis à profit. Pommier s'était concerté avec le député et le général; ils convinrent ensemble qu'il fallait différer de trois jours l'exécution du complot.

Cependant plusieurs des conjurés faisaient de tristes réflexions sur les obstacles renaissans qui entravaient l'exécution de leurs projets. L'accusé Goupillon était surtout frappé de cette espèce de fatalité qui avait successivement amené l'arrestation de Bories, de Goubin, de Pommier, les trois chefs de l'entreprise. Ce fait lui donna de tristes pressentimens, il réveilla dans son cœur les angoisses qu'il avait déjà éprouvées, dit-il, lorsqu'il avait proféré des sermens criminels sur la lame d'un poignard, que depuis il semblait voir sans cesse tourné contre lui-même. Cette vue avait long-tems comprimé son désir de tout révéler, lorsqu'un incident ne lui permit plus d'hésiter. Le sergent de garde avait fait son rapport sur l'invitation pressante que lui avait faite plusieurs officiers, de laisser échapper Pommier; il avait nommé Goupillon, et le colonel informait pour connaître le nom des autres. Goupillon ignorant le but de cette information, et voyant à ses chefs un air plus sévère que de coutume, crut que le complot était découvert. Sur ces entrefaites Pommier, qui avait imaginé une fable pour expliquer son déguisement, et trouver l'occasion de sortir de nouveau, désirait aller la proposer pour excuse à son colonel, et en sollicita une audience. Goupillon l'apprend, et croit que Pommier va tout révéler; il veut le prévenir, et se hâte lui-même d'aller trouver le colonel; il essaie d'abord de se disculper d'avoir favorisé l'évasion de Pommier, puis il s'arrête; mais son trouble, son attitude, ses yeux roulant des pleurs, tout annonce qu'il est obsédé par un secret. Le colonel l'interroge, et enfin il lui découvre qu'il existait un complot prêt à éclater, il donne les renseignemens les plus précis, et nomme les conjurés. A l'appui de son récit, il rédigea de suite une note qu'il laissa entre les mains de son colonel, et qui est ainsi conçue : « D'après tous les sermens que l'on me fit prêter sur un poignard, ma conscience m'engage cependant à révéler tout ce qui se trame contre la dynastie royale. Dimanche dernier Pommier, sergent-major, membre de la commission des *carbonari*, vint, immédiatement après la parade, nous prévenir de nous tenir prêts, parce qu'il devait arriver le député et le commissaire avec lesquels il allait se concerter pour que le lendemain, sur les 4 heures du matin, les *carbonari* pussent s'assurer des hommes dont ils sont bien sûrs dans leurs compagnies respectives, afin d'arborer la cocarde tricolore, et de s'emparer du colonel et des deux chefs de bataillon ; ce que j'affirme, signé : Goupillon. »

Cette note, rapidement improvisée dans l'émotion du premier moment, fut immédiatement suivie d'une seconde déclaration faite avec réflexion devant les officiers informateurs, puis renouvelée dans un écrit autographe remis par Goupillon au colonel, et qui se trouve dans les pièces; enfin de nombreux interrogatoires subis par l'accusé devant l'autorité judiciaire, recueillirent les mêmes aveux qui comprenaient la plus grande partie des détails et des circonstances de la conspiration, tels que ce détail et ces circonstances furent exposés plus tard par plusieurs des conjurés.

Cependant le colonel, après avoir entendu Goupillon, prit habilement les mesures qu'exigeait la gravité des circonstances; il fut secondé avec dévouement par ses fidèles officiers. Après le contre-appel du soir, la 1.er compagnie de grenadiers reçut l'ordre de rester levée et de s'armer en silence. On arrêta les conjurés, on fouilla leurs malles et leurs lits, où l'on trouva cachés des poignards. Des cartes de reconnaissance, usitées entre *carbonari*, furent saisies sur Goubin. On procéda aux interrogatoires; dans le premier moment, les uns nièrent, les autres firent de demi-aveux, quelques-uns déclarèrent la vérité. On entendit un grand nombre de témoins, dont les dépositions répandirent de vives clartés sur l'existence du complot. Alors la plupart des conjurés sentirent que ce serait en vain qu'ils essaieraient de se débattre dans un misérable système de dénégations, et ils préférèrent atténuer s'il se pouvait, l'énormité de leur faute par la franchise de leurs aveux. Amenés séparément devant l'autorité judiciaire de La Rochelle, ils firent presque tous des déclarations qui sont conformes entre elles, bien que les conjurés n'eussent pu communiquer ensemble, et qui ne diffèrent que dans les circonstances imaginées par les auteurs de ces révélations pour affaiblir respectivement leur culpabilité en ce qui concerne chacun d'eux.

Il résulta de toutes les preuves acquises sur la nature du complot, qu'il avait été ourdi à Paris, et qu'à La Rochelle même il était encore conduit par les émissaires de la capitale dont les *carbonari* du 45e. régiment recevaient des instructions et de l'or, et dont ils attendaient le signal. Il fallait donc remonter plus haut. Les déclarations de Goubin et de Pommier, apprirent quels avaient été les rapports de Bories avec une vente centrale à Paris, et comment eux-mêmes ont connu plusieurs des membres de cette vente. Ces membres furent arrêtés; mais avant de l'être, ils avaient appris par des courriers que les commissaires venaient d'expédier de La Rochelle au comité-directeur, que le complot était découvert. Ils eurent donc la facilité de faire disparaître les pièces qui auraient pu les compromettre; cependant on trouva chez quelques-uns d'entre eux les armes de la charbonnerie. Presque tous adoptèrent un plan de dénégation rédigé dans les mêmes termes ; ce qui démontre assez qu'il fut concerté entre eux ; mais Hénon a tout avoué, et ces aveux, faits à cent trente-huit lieues de La Rochelle, sont en harmonie avec les déclarations de ses complices, alors détenus dans cette ville.

L'affaire était de la compétence de la cour royale de Paris, puisque c'était dans son ressort que le crime avait pris naissance, et qu'une partie des accusés y résidaient.

La chambre des mises en accusation, par son arrêt du 24 juillet dernier, a mis en liberté sept individus impliqués dans cette affaire, et contre lesquels ne s'élevaient pas de charges suffisantes ; elle en a renvoyé devant vous vingt-cinq, qu'elle a divisés en deux classes : dans la première sont ceux qu'elle vous renvoie comme ayant pris part à un complot dont le but était soit de détruire ou de changer le gouvernement ou l'ordre de successibilité au trône, soit d'exciter les citoyens ou habitans à s'armer contre l'autorité royale, soit d'exciter la guerre civile en armant ou en portant les citoyens ou habitans à s'armer les uns contre les autres, crimes prévus par les articles 87 et 91 du code pénal ; dans la seconde classe, l'arrêt comprend ceux qui ayant connaissance du complot dont il s'agit, n'ont point révélé au gouvernement ou aux autorités administratives et judiciaires les circonstances qui sont venues à leur connaissance ;

le tout dans les vingt-quatre heures, crime prévu par les articles 103 et 105 du code pénal.

Le récit des faits relatifs à ce procès complète, ce nous semble, la démonstration de cette importante vérité, qu'il existe en France des sociétés secrètes de *carbonari*, gouvernées par un comité-directeur, et travaillant sans relâche sous ses ordres à la destruction de la monarchie. C'est là, en effet, ce que tout homme sensé dont l'engourdissement de l'indifférence n'a point émoussé le jugement, ne peut se refuser d'admettre après tout ce que nous venons d'exposer à ce sujet. En résumé, il y verra vingt complots calculés entre eux, et il en conclura qu'une puissance cachée a dû mettre en mouvement ces ressorts nombreux; tous ces rouages compliqués et néanmoins soumis à une monstrueuse harmonie par une seule et même volonté; il y verra les conjurés secondaires agissant simultanément, mais en différens lieux, tenir à leurs adeptes les mêmes discours, révéler les mêmes desseins, et indiquer le comité de Paris cómme un grand orient d'où partent la lumière et la foudre; il en conclura que cette identité de langage, de pratiques et de moyens ne peut provenir que d'un plan uniforme docilement exécuté; il y verra des êtres sans aveu, sans ressources pécuniaires; étaler tout à-coup des sommes considérables, faire des dépenses excessives et répandre à grands frais des semences de corruption; il en conclura que ces agens obscurs sont soldés par de riches commettans; il en conclura encore que ceux-ci ne peuvent consentir à répandre leur or, et ceux-là à risquer leur vie que pour des projets conçus avec quelques chances de succès.

Telles sont, Messieurs les Jurés, les graves réflexions qui ne vous sont point échappées au récit de tant de faits qui tous se coordonnent et se combinent avec le système d'une conspiration permanente. Mais ces réflexions, qui suffisent pour vous pénétrer du danger imminent où se trouve exposée la société européenne, ne suffisent pas encore pour vous éclairer sur la culpabilité individuelle des accusés, et il s'agit maintenant de discuter, à l'égard de chacun d'eux, l'accusation qui vous est déférée.

En jetant nos regards sur les accusés pour rassembler contre chacun d'eux les charges qui s'élèvent des débats, nous sommes saisis d'une réflexion pénible. Nous ne voyons sur ces bancs que des militaires et des jeunes gens à peine à leur majorité, et nous nous rappelons qu'en effet la faction osait fonder ses espérances et exercer principalement son prosélytisme sur l'armée et sur la jeunesse.

L'armée est restée inébranlable, et si quelques soldats ont désiré trouver dans le tumulte d'une insurrection les chances illusoires d'un avancement, si tournant contre la patrie des armes parricides ils étaient prêts à servir les fureurs de ceux auxquels ils s'étaient vendus, tout le reste a repoussé avec indignation les propositions du parjure et les offres du déshonneur; tous ont pensé que la gloire ne résidait que dans l'utilité et la discipline du courage, qui livré à lui-même n'était que le fléau d'une aveugle barbarie; ils ont pensé que ce courage épuré par la fidelité devait tout son éclat à cette noble vertu, que par conséquent il y avait autant de mérite à servir le roi au sein de la paix, qu'au milieu des combats, puisque dans le repos, ou dans la guerre, on pouvait donner d'égales preuves de cette fidélité, lustre immortel de la bravoure, touchante garantie de la sécurité publique.

Quant à la jeunesse, à Dieu ne plaise que nous laissions tomber sur elle d'inflexibles paroles et une sorte d'anathême. Moins coupable mille fois que ceux qui de sang-froid la trompent à leur profit, elle est à plaindre sans doute, puisqu'elle est abusée. On l'a flattée pour l'empoisonner, nous voudrions la louer au contraire pour l'élever par le sentiment d'elle-même hors du piége où l'on cherche à l'engager. Mais qu'importent les qualités qui la distinguent si elles ne peuvent la prémunir contre les doctrines dévorantes qui la consument dans sa fleur. Elle ne sait pas encore ce qu'elle doit accueillir ou réprouver; elle ignore si plus tard sa raison, ses devoirs, ses alliances ne la forceront pas à rougir du parti qu'elle adopta sans discernement. Un jour viendra que son idolâtrie sera peut-être foudroyée par ces paroles mémorables : *brûles ce que tu as adoré, et adore ce que tu as brûlé.* Pourquoi donc va-t-elle si vite au-devant d'un repentir? Pourquoi aspire-t-elle à se rétracter et à se préparer un triste sujet d'amende honorable et d'abjuration? Quel fanatisme l'entraîne dans une politique aride, que le plus beau privilège de son âge est de ne point comprendre, et qu'elle devrait en effet abandonner aux cœurs flétris que le dégoût a mis hors de la nature, où ils ne trouvent pour dernier aliment que de stériles abstractions et des sophismes glacés? Mais elle, à qui sont prodiguées toutes les promesses de la vie, pour qui va-t-elle sacrifier tant d'inappréciables trésors? Pour des hommes dont le premier soin, s'ils ressaisissaient le pouvoir qui porta l'empreinte de leurs mains sanglantes, serait de comprimer sous leur despotisme de fer cet impétueux essor qu'ils encourageaient quand il fallait détruire, et qu'ils redouteraient s'ils avaient à conserver le fruit de leur usurpation. Que la jeunesse se hâte donc de rompre la funeste alliance dont elle est à-la-fois l'instrument et la dupe; bientôt le mal serait irréparable. Déjà s'est altéré visiblement le caractère français que rehaussaient naguère les grâces de l'urbanité et les vertus hospitalières. Déjà je ne sais quoi d'inquiet, d'amer et de sombre dénature ce caractère distinctif qui était offert à tous les peuples comme le type de la civilisation et de la courtoisie. Chaque jour une grossièreté d'habitudes et de langage succède au sentiment des convenances; la modestie fait place à une présomption aveugle qui heurte avec arrogance et les dogmes de la religion, et les oracles de la vieillesse, et les volontés des lois. Une politique atrabilaire tend à isoler les peuples et les hommes que ne resserre plus aucun lien commun. On se sert maintenant des lumières pour retourner à la barbarie, comme de ces flambeaux avec lesquels on descend dans les sépulcres et les abîmes.

La jeunesse, qui tient pour ainsi dire dans ses mains les clefs de notre avenir, peut surtout concourir à perdre ou à sauver la société. Puissent nos conseils prévenir désormais ses écarts, et n'avoir plus besoin d'être fortifiés par des exemples de punition que notre ministère nous force à réclamer aujourd'hui.

Il existe au procès des charges individuelles, et il y en a de collectives; celles-là, communes à plusieurs accusés, découlent de leurs aveux, ou résultent des poignards trouvés en leur possession. Nous devons dès-à-présent vous faire sentir l'importance de ces deux espèces de charges générales, parce qu'elles sont de grandes sources de conviction; et d'abord, quant aux aveux de certains accusés, c'est avec raison que la jurisprudence criminelle les met au rang des preuves décisives. Ils ont plus de force que les dépositions des témoins; car s'il était permis de supposer que ceux-ci eussent quelque motif de nuire à l'accusé, on ne peut supposer dans l'accusé lui-même le dessein de se perdre volontairement. S'il avoue, soit qu'il sente l'impossibilité de contester l'évidence, soit qu'il cède à l'impulsion du remords, cet aveu est le cri de la conscience, il faut y croire comme à la vérité; et lorsque ce même aveu se trouve, ainsi que dans la cause, en harmonie avec les faits, lorsqu'il coïncide avec des circonstances que n'avait pu deviner celui qui a révélé, nul doute que cette révélation ne soit une preuve irrécusable contre ce dernier, et même une preuve grave contre les tiers qu'elle peut impliquer. En effet, celui qui, par l'ascendant de la vérité ou la force du repentir, en est réduit à s'accuser lui-même, ne doit-il pas aussi, pour achever le triomphe de cette vérité et de ce repentir, poursuivre le crime de la lumière de ses aveux jusque sur les pas d'autrui. Il est du devoir d'un simple témoin, bien qu'il n'ait point à réparer le fait auquel il est étranger, de dire ce qui, dans ce fait, peut être à sa connaissance. Par quel absurde préjugé voudroit-on imposer silence à l'accusé qui, s'avouant lui-même coupable, doit plus que tout autre connaître ses complices? Ah! s'il accepte pour lui-même la mort, l'exil ou les fers, en expiation de sa faute, il a le droit peut-être de rejeter tout le voile qui cachait le délit, et de mettre ainsi à découvert tous ceux qui ne méritent pas plus que lui d'être épargnés.

On vous dira que parfois la haine, les ressentimens d'un accusé, peuvent lui faire envelopper dans ses aveux des êtres innocens, ou que l'espoir d'obtenir l'indulgence de la justice l'excite à des révélations. Mais lorsque, d'une part, on ne peut objecter le prétexte de l'animosité, lorsque de l'autre ces mêmes révélations sont faites simultanément par plusieurs accusés qui n'ont pu communiquer ensemble, et qu'elles comprennent des faits qui sont justifiés d'ailleurs par mille circonstances, il est impossible de ne pas les recueillir parmi les élémens de conviction; et d'ailleurs les révélations faites par les accusés, même dans l'espoir d'obtenir une exemption de peine, sont si peu suspectées par la loi, que pour prix de ces mêmes révélations elles les exempte en effet de la peine. Elle attache donc une grande importance à ces révélations, puisqu'elle ne croit pas les payer trop cher par l'acquittement d'un des coupables. C'est assez vous dire que loin de les dédaigner, elle a voulu qu'elles fussent recueillies parmi les preuves les plus précieuses, à moins que les coaccusés ne parvinssent à en démontrer la fausseté.

Une autre réflexion frappera vos esprits. L'article 108 du code pénal ne tient compte aux accusés de leurs révélations, que lorsqu'elles sont faites avant toutes poursuites commencées, ou lorsqu'elles ont procuré l'arrestation des auteurs ou complices de ces accusés. Or, sur vingt accusés qui, dans le procès actuel, ont fait des révélations un seul se trouve dans le cas prévu par la loi; les autres ne pouvaient rien attendre de leurs révélations tardives; ils les ont donc faites dans le principe, non pour adoucir leur position, mais pour céder au besoin de soulager leur conscience, ou parce qu'ils ne pouvaient résister à l'ascendant de la vérité.

Nous disons donc que les aveux des accusés sont des preuves, non-seulement contre eux, ce qui ne peut faire l'objet d'un doute, mais aussi contre les tiers.

Le principe est vrai alors même que les accusés, après avoir consigné leurs aveux à plusieurs reprises durant l'instruction, viendraient les rétracter ou les atténuer à l'audience. Cette modification réfléchie, cette combinaison calculée de la défense, est presque toujours ce qu'on appelle, dans les débats des cours d'assises, la *jurisprudence des prisons*. L'ombre des prisons vient glacer les premières effusions de la vérité et du remords; d'ignobles conseils font succéder l'artifice à la franchise, et bientôt la dénégation absolue de l'accusé contraste avec la confession de sa culpabilité, consacrée dans son premier interrogatoire. Si ce changement s'opère dans les causes ordinaires, on devait s'y attendre dans le procès actuel, où des *carbonari* ont juré de donner la mort aux révélateurs des secrets de leur institution. Mais ce à quoi il était impossible de s'attendre sans faire injure au bon sens des accusés et au discernement de leurs défenseurs, c'est la maladresse de leurs rétractations. Quelle opinion ont-ils donc de votre jugement, et qu'osent-ils espérer de votre crédulité, puisqu'ils ne craignent pas de substituer aux faits qu'ils avaient d'abord avoués, et qui ont été constatés par toutes les circonstances du procès, des versions si étranges, si bizarres, qu'elles n'ont pu être produites que par le vertige d'une position désespérée? L'accusation n'a rien à perdre à cette misérable tactique, car les premiers aveux des accusés légalement consignés lui sont invariablement acquis. Si nous leur reprochons la mauvaise foi de leur défense, ce n'est donc que dans leur propre intérêt et parce qu'ils se privent sans retour de la faveur attachée à ceux qui font le sincère aveu de leurs fautes. Qu'ils mentent donc, s'ils veulent, après s'être perdus par ces fautes, se perdre encore par leurs mensonges! A notre égard, qu'importe, nous le répétons, que les accusés récusent ou modifient leurs aveux? Il suffit qu'ils aient été faits, et qu'on n'argue point de faux les actes où ils sont constatés, pour qu'il soit de notre devoir d'aller puiser dans ces actes authentiques, afin d'opposer les accusés à eux-mêmes, et de tirer de leurs contradictions cet argument invincible, que, loin de balancer par leurs vaines et tardives dénégations ce que leurs précédentes déclarations avaient de positif, ils ne font que démontrer, par ces dénégations elles-mêmes, combien il serait insensé de les appeler des révélateurs préposés, et, suivant le nouveau style judiciaire, des agens provocateurs, puisqu'ils voudraient essayer de cacher à la justice ce qu'elle a intérêt de connaître. Et lors même qu'ils eussent tous persisté dans leurs aveux, il eût été par trop dérisoire de donner cette épithète d'agens provocateurs à des individus qui, au lieu d'attirer les autres dans le complot, y furent eux-mêmes entraînés par ceux qu'ils dénoncent; à des individus qui, d'ailleurs, n'ont fait leurs aveux, à l'exception d'un seul, qu'après la découverte du complot, et lorsqu'ils ne croyaient plus possible d'en nier l'existence. Ces aveux furent tellement libres et volontaires de leur part, qu'ils les ont renouvelés à chaque phase de la procédure, à La Rochelle et à Paris, et qu'en dernier lieu ils ont encore persisté devant le conseiller rapporteur, M. de Cassini.

A l'égard de l'autre charge collective, celle des poignards, elle n'est pas moins décisive que celle des aveux. Le poignard ne se trouve point ordinairement dans le bagage de nos soldats; il ne fait point partie de leur armement. Ils ont le sabre et la baïonnette ; pourquoi donc se seraient-ils munis sans nécessité, du fer de l'ignominie? Si par hasard un soldat avait eu en sa possession un poignard, le même hasard pouvait-il en faire trouver une certaine quantité dans le sac ou dans le lit des militaires d'un même régiment? Et si l'on observe que les poignards sont tous d'une fabrique étrangère, que leurs lames d'azur et d'or semblent trempées avec soin et uniformité, comme si en effet on avait voulu pourvoir à l'armement de toute une secte; si l'on remarque qu'il résulte de tout ce que nous savons sur la secte des *carbonari*, que les poignards sont en quelque sorte leurs armes cabalistiques ; que plusieurs des accusés ont reconnu qu'ils leur avaient été délivrés au nom de la société conspiratrice pour punir les infidélités, on verra dans ces poignards une preuve matérielle de l'existence de cette coupable société et des projets auxquels elle s'était dévouée. Oui, vainement elle tient cachés et ses réglemens et ses projets ; il suffit qu'elle laisse voir son poignard pour qu'on puisse lire en caractères de sang, sur la lame fanatique, les crimes qu'elle commande et tous ceux qu'elle espère. Plusieurs accusés, forcés d'avouer qu'ils avaient reçu les poignards trouvés sur eux, ont essayé d'en cacher la destination véritable. Quelques-uns, tels que Bories, Pommier et Goubin, ont prétendu à l'audience (et ces derniers en dépit de leurs précédentes déclarations) qu'ils s'étaient procurés ces poignards pour en armer les affiliés à une société philanthropique formée entre eux. Des poignards à des philanthropes.... Cette monstrueuse alliance de mots et d'idées prouve assez à quel système d'invraisemblance et d'absurdité l'on est réduit lorsqu'on déserte la vérité pour la connivence du mensonge. Pommier prétend que c'est lui qui a acheté ces poignards pour donner à la société un air mystique. Mais où les a-t-il achetés? Est-ce chez un marchand établi? Pommier se gardera bien de le dire, car il faudrait donner l'adresse du marchand ; selon lui il a acheté ces poignards, d'un marchand d'habits qui passait rue du Foin. Comment supposer qu'un brocanteur eût osé colporter sur la voie publique, et surtout dans une rue qu'une caserne peuple de soldats, des armes prohibées, des poignards dont la vente est interdite! Si Pommier n'a pas acheté les poignards, il faut donc en revenir à ses premières déclarations, d'où il résulte que Bories les tenait de la *vente centrale*. Les défenseurs vous diront peut-être que ces poignards ne signifient rien au procès, puisqu'après tout, ils étaient au moins superflus, même en admettant le complot, attendu que des soldats qu'on aurait disposés à une exécution meurtrière, auraient pu se servir de leurs armes accoutumées, et n'avaient pas besoin du chétif secours d'un poignard. Le fait pourrait nous dispenser de répondre; car s'il est certain, et on ne peut le contester, que des poignards ont été saisis sur plusieurs des accusés, il faut bien admettre qu'ils les avaient pour un but quelconque; et lorsque ce but est indiqué, tant par les statuts des *carbonari* que par les aveux de quelques accusés tels que Pommier, Bicheron, Goubin, Raoulx et Goupillon qui, avant de se concerter pour le mensonge, avaient séparément dit la vérité, tout s'explique suffisamment et le doute n'est plus permis. Nous ajouterons une réflexion qui achèvera d'écarter toute objection à cet égard; c'est que la secte des *carbonari* se proposait, par l'investiture des poignards, non-seulement de donner à ses affiliés l'arme de la vengeance et du crime, mais encore de les lier en quelque sorte à son pacte infernal par l'attouchement tragique de ces poignards; de frapper leurs imaginations par un appareil dramatique et mystérieux, de rendre leurs impressions durables en les rendant fortes par de terribles engagemens et des pratiques barbares ou romanesques; il y a plus, et nous en attestons les frémissemens de terreur dont ces murs ont été trop de fois les témoins à la vue d'un poignard, cette arme, telle que l'ont faite les passions et les fureurs des hommes, est devenue pour ainsi dire une arme sinistre comme la mort, imposante et formidable comme tout ce qui fait vibrer puissamment les plus sombres pensées et suscite des émotions surnaturelles. L'influence du poignard se fait surtout sentir à celui qui ose le toucher. Quand il le prend, il ne sait plus quand il pourra le quitter; l'alliance est plus durable qu'il ne pense; il s'établit entre lui et l'arme scélérate une attraction mutuelle contre laquelle il lutte péniblement. Si le poignard est à son chevet, il agite son sommeil; s'il est à sa ceinture, il trouble son cœur; s'il le cache au fond d'un bois il se sauve épouvanté comme s'il était poursuivi par toute la nature: et vous qui m'écoutez en silence, vous étonnerez-vous encore que le génie d'une secte ténébreuse ait voulu s'attacher ses initiés en leur faisant présent d'un poignard?

Le poignard est donc dans la cause, une preuve de l'affiliation à la secte; c'est une sorte de diplôme, attestant à-la-fois et la réception dans le complot et l'aptitude au crime. On voit en effet, des poignards dans les mains de tous les *carbonari* européens; c'est un de ces poignards qui frappa l'infortuné Kotzbue : un de ces poignards fut trouvé par l'exécrable Louvel.

Mr. l'Avocat-général discute ensuite les charges particulières aux accusés de la première classe. Nous extrayons de cette discussion, qui seule s'est prolongée plusieurs heures, les passages suivantes :

En effet, Messieurs, il convient de rappeler que les *carbonari*, pour masquer encore mieux leurs projets, avaient imaginé d'avoir, outre les ventes, une espèce de loge de franc-maçonnerie, où ils se réuniraient quelquefois, afin que si un jour on pouvait les convaincre de s'être connus, ils pussent alléguer que c'était dans une loge de francs-maçons..........

Il résulte des précédentes déclarations d'Hénon qu'après l'échec du général Berton devant Saumur, Baradère lui dit que ce général avait agi dans cette affaire sans ordre supérieur, et parce qu'étant poursuivi, il avait tenté un coup désespéré; que néanmoins il fut convenu que les ventes viendraient à son secours; qu'on envoya d'abord, pour s'assurer de sa véritable position, des émissaires qui rapportèrent qu'il s'était réfugié dans les bois avec une vingtaine d'hommes......

Nous regrettons que M. le lieutenant-général Despinois, assigné à la requête des accusés, n'ait pu se rendre à Paris ; nous le regrettons, malgré l'inconvenance et le danger d'un pareil déplacement. Nous disons l'inconvenance, parce que c'est dégrader le caractère des fonctionnaires, que de les traduire au gré des accusés à la barre des tribunaux, pour rendre compte, en quelque sorte, de leur conduite, quand la loi attache à leurs actes une authenticité qui existe jusqu'à preuve de faux ; les fonctionnaires publics ne sont pas les témoins des faits qu'ils certifient d'après les déclarations qu'ils recueillent dans leurs actes. Ces actes se défendent d'eux-mêmes, et ce serait un étrange abus que de forcer ceux qui les rédigent à se rendre sur les différens points de la France, pour s'y disculper des imputations calomnieuses des accusés qui ont intérêt à détruire tout ce qui constate leur culpabilité. Non, les fonctionnaires publics ne peuvent être ainsi transformés en commis-voyageurs, et si l'on allègue qu'ils ont employé le faux ou la violence, il faut apparemment qu'on ait à fournir des preuves indépendantes de la comparution de ces fonctionnaires, qu'on ne peut contraindre à venir s'accuser eux-mêmes, quand déjà il serait injurieux à leur propre dignité de venir se défendre d'une calomnie. Il n'y aurait pas seulement inconvenance ; il pourrait y avoir encore danger à déplacer ainsi les dépositaires de la force publique, à les déplacer de certains lieux et en certains tems ; ce serait un moyen de plus dont les conspirateurs ne manqueraient pas d'enrichir leur répertoire. Si M. le lieutenant-général Despinois eût été à Paris, il se fût empressé sans doute, comme M. le préfet de police, de venir foudroyer par sa présence d'indignes calomnies; mais lorsqu'on a attendu le dernier moment pour le faire assigner, lorsque cet officier ne pouvait quitter son poste qu'après avoir requis l'autorisation du ministre de la guerre, et lorsqu'enfin il était assigné par des soldats qui ne l'appellent que pour l'insulter par d'absurdes calomnies, des soldats avec lesquels il n'a rien eu de commun, il a pu se dispenser de paraître, surtout dans l'état d'agitation où sont peut-être les départemens de l'Ouest, par suite de tous les mouvemens insurrectionnels que la malveillance a tenté d'y exciter dans le cours de cette année.......

Mr. De Marchangy termine ensuite de cette manière ce qui concerne les accusés de la première classe :

Nous venons d'examiner le degré de culpabilité qui pesait sur chacun des accusés compris dans la première classe, et à l'égard desquels vous seront posées les questions suivantes résultant de l'acte d'accusation. « Sont-ils coupables d'avoir pris part à un complot dont le but était : soit de détruire ou de changer le gouvernement ou l'ordre de successibilité au trône; soit d'exciter les citoyens ou habitans à s'armer contre l'autorité royale; soit d'exciter la guerre civile, en armant ou en portant les citoyens ou habitans à s'armer les uns contres les autres? »

Notre discussion a pu déjà vous convaincre de la rigoureuse exactitude avec laquelle ces questions s'adaptaient aux faits du procès actuel. Elles nous offriront, au surplus, l'occasion de vous développer plusieurs vérités consacrées par la loi, et qui répandront d'infaillibles clartés sur vos délibérations.

Ce serait une déplorable erreur de penser qu'en matière de conspiration, il n'y a pas culpabilité, là où il n'y a pas eu attentat, c'est-à-dire commencement d'exécution.

Dans les crimes ordinaires, la loi n'assimile la tentative du crime, au crime lui-même, que si elle a été manifestée par des actes extérieurs, suivis d'un commencement d'exécution, et si elle n'a été suspendue ou n'a manqué son effet que par des circonstances fortuites ou indépendantes de la volonté de son auteur.

Mais ces conditions ne sont point nécessaires quand il s'agit de complot, et il n'est pas besoin pour que ce complot soit un crime et pour qu'il soit punisable, qu'il y ait tentative manifestée par des actes extérieurs et arrêtée par un événement étranger à la volonté.

« Il y a complot, dit l'article 89, dès que la « résolution d'agir est concertée et arrêtée en- « tre deux conspirateurs, ou un plus grand « nombre, quoiqu'il n'y ait pas eu d'attentat. « Il y a attentat, dit l'article 88, dès qu'un acte « est commis ou commencé pour parvenir à « l'exécution de ces crimes, quoiqu'ils n'aient « pas été consommés.

L'article 87 punit également le complot ou l'attentat, il résulte donc du texte précis de la loi qu'il suffit qu'il y ait eu complot, sans attentat, c'est-à-dire sans commencement d'exécution ; en d'autres termes il suffit, comme le dit la loi, d'une résolution concertée et arrêtée entre deux personnes, pour qu'il y ait crime et application du châtiment. Et telle a été si bien l'intime pensée du législateur, qu'il l'exprime encore surabondamment dans l'article 60. du code pénal, ou parlant des peines infligées aux conspirateurs, il ajoute : *même dans le cas où le crime qui était l'objet des conspirateurs ou des provocateurs, n'aurait pas été commis*. Enfin l'article 108, qui promet aux révélateurs l'exemption de la peine quand il s'agit de complots, ajoute : pourvu *que ce soit avant toute exécution ou tentative de ces complots*. Il y a donc complot sans exécution et même sans tentative.

En statuant avec cette mâle sévérité, le législateur s'est élevé à des hautes considérations, et d'abord il a pensé qu'il y a une partie du mal opéré, même par le simple projet de conspirer. En effet : toute résolution de conspirer suppose un embauchage moral et un travail de perversité dont une nation peut porter long-tems les marques. L'édifice social n'est point renversé, mais le terrain est miné et résistera moins bien à la secousse prochaine ; le sang n'a point coulé, mais qui nous dira dans combien de cœurs on a répandu le venin, et quels peu d'efforts il faudrait encore pour achever de ruiner une foi chancelante et une fidélité ébranlée ?

Il y a plus; un gouvernement ne peut trouver sa sûreté que dans la punition des résolutions de complot; car il serait sans capacité pour réprimer la consommation du complot dont le succès aurait, pour premier effet, de substituer un nouvel ordre de choses, sous lequel, ce qui la veille était criminel, ne manquerait pas le lendemain de défenseurs et d'apologistes. Où est la possibilité d'atteindre des criminels qui trouvent, dans l'exécution même de leur crime, sauve-garde et protection? Quand un complot a réussi, ce n'est plus au conspirateur à trembler, c'est à l'autorité légitime. Nos récentes annales en offrent de tristes exemples. Pour n'avoir pas puni les simples résolutions d'agir, on fut plus d'une fois réduit, de nos jours, à subir l'ignominie d'une puissance usurpée, et à se taire devant des forfaits ratifiés. L'inaction des lois au 13 juillet, fit éclore la journée du 14; et pour n'avoir pas arrêté les projets du 10 août, cette autre journée fut offerte comme une journée glorieuse et nationale, tandis qu'elle n'était que le triomphe d'une troupe de révoltés mercenaires poussés par des hommes dont l'audace et les principes sont devenus l'héritage des conspirateurs d'aujourd'hui. Disons-le donc: le législateur doit, surtout, frapper le projet d'un complot, parce que le crime, s'il était consommé, échapperait à la vindicte publique, et se ferait absoudre et couronner par une aveugle fortune. Mais s'il eût été illusoire de ne déclarer punissable que la consommation du complot, c'est-à-dire le succès du crime, il eût été imprévoyant de ne qualifier de crime que le complot accompagné d'attentat; car entre le complot, c'est-à-dire, la résolution d'agir et l'attentat, c'est-à-dire l'acte commis pour parvenir à l'exécution du crime, il y a un immense intervalle dont la malveillance aurait pu prendre possession pour le couvrir de provocations contagieuses, de projets séditieux, de machinations infernales. Elle eût pu à loisir y concerter son plan d'attaque, y rassembler les élémens combustibles, et le tout sans craindre la loi, attendu qu'on n'aurait pas encore apporté la flamme qui doit causer l'embrasement, et qui seul peut être considérée comme le commencement d'exécution.

Les intérêts de la patrie sont donc trop gravement compromis, lorsqu'il s'agit de complot, pour que la loi puisse se fier à ses règles communes; elle a dû en proclamer de spéciales, capables d'intimider les conjurés, et voilà pourquoi elle punit également ou le complot ou l'attentat résultant de complot.

Dans la cause que nous discutons, y a-t-il eu complot, c'est-à-dire résolution concertée et arrêtée entre deux ou plusieurs conspirateurs?

Oui, puisque les accusés sont *carbonari*, que chacun d'eux a été reçu par plusieurs, et que lors de leur réception ils ont appris, sous le serment, qu'il s'agissait de conquérir la liberté à main armée, de se procurer à cet effet des armes, et d'obéir aveuglément aux ordres supérieurs.

Oui, puisque soit dans la vente centrale, présidée par Baradère, soit dans la vente militaire, présidée par Bories, on était convenu que quelle que fût la divergence des opinions à l'égard du gouvernement futur, il fallait d'abord commencer par détruire le gouvernement actuel.

Oui, puisque tous les *carbonari* de la vente militaire se trouvèrent au cabaret de Gaucherot à l'enseigne du *Roi-Clovis*, où Hénon les harangua et leur proposa l'exemple des armées espagnoles, en leur promettant des grades au nom de la vente suprême.

Oui, puisque Bories, ayant assemblé ses complices au nombre de 18 à l'auberge de la Fleur-de Lys à Orléans, les entretint du complot et leur dit : « que l'exécution aurait lieu probablement à Ste.-Maure, d'où l'on irait joindre les révoltés à Saumur. »

Oui, puisque les conjurés se réunirent, le 10 mars, dans une auberge du village de Lafond, et qu'après s'être concertés sur le complot, ils délibérèrent ensemble sur ce qu'on ferait des officiers du 45e., et décidèrent qu'on les renfermerait dans la tour, et qu'ensuite on déploirait le drapeau tricolore.

Oui, puisque le 16 du même mois une autre réunion eut lieu entre les conjurés dans une auberge de La Rochelle, ayant pour enseigne, la Boule-d'Or, où il fut arrêté que d'après le plan adopté par les émissaires de Paris, avec lesquels on venait de se concerter, il fallait qu'au moment où l'on battrait la générale, les *carbonari* s'emparassent des avenues du quartier, tandis que le général des insurgés s'y porterait avec une partie de la garde nationale.

Sans parler de cent autres faits aussi concluans, il résulte de ceux qu'on vient d'exposer qu'il y a eu complot puisqu'il y a eu résolution d'agir, concertée et arrêtée entre plusieurs conspirateurs.

Les mêmes faits ne prouvent pas avec moins de force qu'il s'agissait ou de changer le gouvernement, ou l'ordre de successibilité au trône, ou d'exciter les citoyens à s'armer contre l'autorité royale, ou d'exciter la guerre civile en armant ou en portant les citoyens à s'armer les uns contre les autres. Il suffit d'un de ces projets pour qu'il y ait complot, et cependant tous ces projets étaient réunis, ou plutôt le complot dont il s'agit devait avoir pour conséquence les crimes qu'on vient d'énumérer.

Ceux que l'acte d'accusation a rangés dans la première classe, sont donc coupables d'avoir pris part au complot précédemment qualifié. Cependant leur culpabilité n'est pas également évidente, et l'impartialité que nous devons professer dans l'exercice de notre ministère, nous presse de vous soumettre quelques observations. Nous avons vu combien de fortes présomptions signalaient le capitaine Massias parmi les conjurés. Mais il faut le dire : des présomptions, toutes fortes qu'elles soient en effet, pourront-elles suppléer aux preuves dans une accusation capitale ? C'est à vous qu'il appartiendra de répondre à cette question, et il nous suffit de vous l'avoir adressée pour libérer notre conscience de toute responsabilité sur ce point.

Sans faire une concession aussi positive ; à l'égard des accusés Gouran et Rosé, nous concevrons pourtant, à l'avance, les doutes qui pourraient s'élever dans vos esprits sur le degré de la participation de ces deux accusés au complot.

A l'égard de Goupillon, il a le droit d'invoquer le bénéfice de l'article 108 du code pénal, qui prononce une exemption de peine contre ceux des coupables qui, avant toute exécution ou tentative de complots, et avant toute poursuite commencée, auront les premiers révélé à l'autorité leurs auteurs ou leurs complices. Goupillon, bien qu'il se soit montré par ses dénégations postérieures peu digne du bienfait de la loi, a cependant fait en tems utile des révélations devant l'autorité compétente, et nous invitons la cour à vous poser, à son égard, une question subsidiaire sur le fait de savoir si Goupillon est réellément dans le cas prévu par l'article 108. Son défenseur vous établira sans doute le fait ; quant à nous, Messieurs, nous nous bornerons à une seule observation sur ce point. L'article 108, en parlant des révélations qu'elle amnistie, se sert de cette expression : *ceux des coupables ;* vous n'aurez donc à statuer sur la question subsidiaire que dans le cas où vous auriez résolu affirmativement la question principale, c'est-à-dire, dans le cas où vous auriez prononcé la culpabilité de Goupillon ; car si vous ne reconnaissez pas cette culpabilité, il ne peut y avoir lieu à délibérer sur le fait qui pourrait motiver l'exemption de peine.

Abordons maintenant, Messieurs, les rangs des prévenus : là, sont ceux qui n'ont pas fait la déclaration du complot dont ils ont eu connaissance, et qui n'ont pas révélé au gouvernement ou aux autorités administratives ou de police judiciaire, les circonstances qui en sont venues à leur connaissance.

Le délit de non-révélation est, nous le savons, un de ceux qu'une fausse philanthropie affecte de prendre sous sa protection; et depuis quelque tems on s'efforce de faire considérer les révélations comme de lâches complaisances envers le pouvoir, comme les faiblesses d'une ame timorée. A la vérité, la plupart de ceux qui tentent d'accréditer ce dangereux paradoxe, ont leurs raisons pour en agir ainsi ; de même qu'ils demandent l'abolition de la peine de mort dans les délits politiques, afin que l'on puisse conspirer plus commodément, de même aussi ils veulent proscrire les révélations, pour que les complots soient plus rarement découverts. On objecte que de pareilles opinions ont pu être professées par des citoyens estimables et amis de leur pays. Eh bien ! s'ils aiment leur pays, par quelle étrange contradiction repoussent-ils de leurs dédaigneux préjugés ceux qui peuvent le sauver d'un péril éminent et certain, en divulgant des machinations criminelles? Comment peuvent-ils mettre dans la balance le salut de l'Etat avec leur compassion irréfléchie pour l'être odieux dont l'ambition a besoin des désastres publics et des guerres civiles! On regarderait comme un complice celui qui laisserait brûler la mèche dont la flamme va bientôt allumer l'incendie, et l'on voudrait protéger celui qui laisse ourdir un complot dont le but est de bouleverser le royaume!

Remarquons ici la confusion des notions du bien et du mal, et une sorte de rétrécissement de conscience qui n'admet plus les mâles devoirs, et qui mutile les grandes obligations pour les proportionner à une faiblesse, à une défaillance morale que l'on ose décorer des noms de modération et d'humanité.

Pour dissimuler encore davantage cette déplorable extinction de l'esprit national, ou plutôt pour isoler le pouvoir de toute affection et le mieux livrer aux coups des factieux, les maîtres des doctrines nouvelles ont prétendu que c'était à ce pouvoir à se maintenir comme il l'entendrait, que l'exécution des lois et la découverte des complots étaient son affaire et non celles des citoyens qui payent pour être gouvernés. Voilà donc à quoi les nouveaux publicistes ont réduit l'amour de la patrie! Ils voudraient la donner à ferme pour n'avoir plus à s'en occuper! Le pouvoir n'est pas un impôt, une charge publique, c'est une condition de la vie sociale; c'est une mise en communauté pour le profit général, de toutes les volontés et de toutes les forces individuelles; on ne peut donc en retirer ce qu'on y a mis sans renoncer à toute existence civile. Qu'importe qu'un pouvoir soit institué, s'il est trahi et délaissé par l'indifférence des citoyens. Qu'importe que les lois soient proclamées, si chacun peut en amortir l'exécution par des préjugés et des opinions arbitraires.

La sagesse de tous les peuples a dit : *Que le salut de l'État soit la loi suprême ;* et aujourd'hui on querelle le législateur d'avoir fait quelque chose pour le salut de l'Etat, en infligeant une peine légère, une simple peine correctionnelle à ceux qui ne divulgueraient pas les complots dont ils auraient connaissance; à ceux qui, coupables d'une réticence funeste, semblent bien moins arrêtés par un sentiment déplacé d'humanité, qu'ils ne semblent séduits par les complots que favorisent d'indignes ménagemens.

Nous insistons sur ces principes, parce qu'il est trop commun, en de pareilles causes, d'entendre les défenseurs traiter l'obligation de révéler, de disposition immorale, digne des conceptions de Tibère. Dans leur zèle irréfléchi, ils assimilent les révélateurs obligés à ces vils délateurs que repoussaient avec mépris les Trajan et les Titus, et qui, encouragés sous le régime de la terreur, sont retombés de nos jours dans le mépris, dont leurs services mêmes ne sauraient jamais les affranchir. Les délateurs sont ceux qui, sans y être engagés par la loi, découvrent un fait particulier, plutôt pour satisfaire leur haine ou leur ambition, que dans l'intérêt de la chose publique : les révélateurs, au contraire, sont ceux qui divulguent ce qui doit être divulgué au nom de la loi et de la sûreté générale. Le délateur est celui qui, sans devoir ni mission, indique le refuge d'un proscrit ou trahit les épanchemens de l'amitié en dénonçant une opinion. Le révélateur garde le silence sur tout ce qui ne compromet point la sûreté de l'état, car il n'est pas obligé à autre chose par une loi, trop humaine et trop morale pour avoir exigé des citoyens une exploration inquisitoriale.

Au surplus, ceux des prévenus auxquels nous reprochons de n'avoir pas révélé le complot qu'ils ont connu dans ses circonstances, doivent d'autant moins se plaindre, que tous, ou du moins la plupart, ont peut-être à s'imputer plus que leur silence ; et vous allez juger, en effet, combien les magistrats ont usé de modération à leur égard, en ne les traduisant devant cette cour que pour le délit de non révélation.

Nous omettons de nouveau ici le développement des charges qui concernent chaque accusé de la deuxième classe. Après s'être livré à cette discussion M. De Marchangy a terminé ainsi :

L'accusation est épuisée, et cependant Messieurs les jurés, on se demandera peut-être si notre tâche est remplie, quand la puissance mystérieuse et cachée que nous avons tant de fois signalée dans le cours de ces débats comme la source de tous les désordres, est encore à l'abri des foudres de la justice, et trame peut-être de nouvelles conjurations? On se demandera si elle est remplie, quand vous n'êtes appelés qu'à sévir contre des agens subalternes qui seront aisément remplacés par d'autres adeptes non moins obscurs, race toujours renaissante sous le souffle corrupteur qui la fait éclore?... Oui, Messieurs, notre tâche est remplie, parce que nous avons rendu compte à la loi des seuls accusés qu'elle nous avait livrés, et qu'en attaquer d'autres, lorsque nous n'avons point mission à cet égard, ce serait sortir de nos fonctions, et tomber du devoir dans l'arbitraire; il nous suffit d'avoir brisé la pierre de l'antre, et fait pénétrer la lumière à travers les intrigues ténébreuses et les affiliations des conspirateurs; il suffit d'avoir arraché le masque dont ils se couvraient, et indiqué leurs pratiques, leurs ressources, leurs moyens de corruption. Ce serait sans doute un triomphe éclatant pour la vindicte publique, si les chefs d'un comité suborneur étaient judiciairement connus et punis; mais ce serait une victoire encore plus désirable, parce qu'elle serait plus décisive, si, ne pouvant atteindre ces individus, on s'attachait à détruire les principes qui font leur crédit, leur force, leur audace. Celui qui arrête la tempête ne s'adresse pas aux flots, mais aux vents qui les agitent, et le calme est rétabli : de même le législateur, qui veut en finir avec les révolutions, ne s'attache point aux effets, mais à leur cause; car ici la question est moins dans les personnes que dans les choses. Si l'état de délabrement où languit l'Europe entière ne changeait pas; si l'on ne trouvait point à remplir, par une grande création, ce vide immense où s'égarent les esprits, ce néant social où rien ne parle fortement à l'ame, qu'importerait au salut de la patrie la disparition de quelques êtres pervers? Le reste de la génération n'en respirerait pas moins un air contagieux. La justice peut bien réprimer les égaremens isolés et les désordres partiels; mais si l'épidémie devenait générale, elle serait insuffisante. Si, au contraire, le secret de la vie politique est retrouvé, les perturbateurs n'attendront pas l'action des tribunaux, et reviendront bientôt à l'ordre, comme on les a vus naguère revenir de l'anarchie au despotisme. Oui, notre tâche est remplie, si cette cause fait sentir de plus en plus que ce n'est pas seulement par les moyens ordinaires et le courant administratif ou judiciaire, mais par des conceptions élevées, qu'on peut réprimer le débordement d'une faction qui, par degrés, est devenue une impulsion vers le mal, puis l'organisation du mal, puis la direction et la souveraineté du mal étendant ses conquêtes sur tous les peuples; en telle sorte que, se sentant maintenant assez forte pour être offensive et intolérante, elle menace, intimide et persécute : ses pensées sont des complots, ses mouvemens des insurrections, sa parole est le scandale, son souffle est l'incendie.

Si nous osons nous abandonner à ces réflexions, qui semblent appartenir au publiciste plus qu'au magistrat, c'est que la cause qui sort elle-même des bornes judiciaires pour répandre un intérêt lumineux sur la situation européenne, nous en fournit naturellement le sujet, en nous offrant une preuve irrécusable de l'intérêt qui nous pousse vers de fortes institutions. Lorsqu'en effet nous voyons une jeunesse ardente se plonger toute vive dans l'ombre des sociétés secrètes, où elle accepte une aveugle obéissance ; se soumet aux ordres absolus d'une hiérarchie invisible, et souscrit contre elle-meme des sermens qui peuvent devenir des arrêts de mort; lorsqu'enfin elle choisit par goût, ce que le plus rigoureux despotisme craindrait de lui infliger, ne prouve-t-elle pas assez combien le cœur humain est fait pour la discipline et pour le servage des devoirs, puisqu'il cherche jusque dans l'erreur et dans le crime, le simulacre de quelque institution qu'il eût accueillie avec transport si elle lui eût été préparée dans le sein de la morale et de la vertu.

Oh ! que ce serait un noble et imposant spectacle, que de voir, au faîte de la civilisation d'où les empires tombent et s'écroulent, une monarchie, toute chargée de glorieux souvenirs, méditer une nouvelle ère de force et de prospérité, là où les anciens peuples n'ont trouvé que la corruption et la mort. Ainsi seraient vengées les lumières que l'on a souvent accusées de dissoudre les sociétés, et qui enfin auraient servi à nous éclairer sur les écueils où tant d'autres se sont brisés.

Puisse cette régénération politique illustrer le règne des Bourbons! mais la sagesse la plus consommée ne peut l'opérer qu'avec lenteur; car les plus belles institutions viennent des mœurs, et les mœurs ne prennent naissance que dans le culte des foyers domestiques et des coutumes héréditaires. Si avant qu'on nous ait préparé ces garanties, si avant qu'on ait substitué l'art de gouverner à l'art d'administrer, le désordre se manifeste encore, c'est à nous qu'il appartient de veiller autour du sanctuaire où méditera la prudence du père de la patrie, pour que les perturbateurs ne viennent point troubler ses conceptions salutaires. Dans cet interrègne forcé des grandes institutions morales, la justice doit sentir redoubler son zèle et sa vigueur. Vous êtes donc, Messieurs, un des fermes supports de la société; vos sermens sont sa dernière espérance. Les factieux, en s'efforçant d'ébranler les consciences du jury français, prouvent assez ce qu'ils auraient à gagner par sa faiblesse, et à redouter de sa fermeté.

Leurs menaces sont les cris de leur impuissance; ils sont faibles puisqu'ils essayent de corrompre; ils ne seront forts que si vous renoncez à l'être. Ce n'est pas que nous cherchions à dissiper les vaines terreurs dont leur secte voudrait vous entourer, car vous seriez trop heureux d'avoir quelque grand sacrifice à faire à l'honneur et à la vertu. Ah! s'il était possible que quelque chose pût ajouter à la noble volupté qu'éprouve l'homme de bien, remplissant un devoir, c'est le sentiment du péril, c'est le péril lui-même qui fait de ce simple devoir une gloire impérissable. Oui, s'il était vrai que vous fussiez en butte au poignard, que la torche incendiaire fût à vos portes, que vos noms inscrits sur un livre de sang fussent promis à un avenir de terreur, loin de vous dissimuler ces dangers, nous vous féliciterions d'avoir à les braver dans l'intérêt de vos sermens; nous nous applaudirions d'avoir à les partager avec vous. Honte éternelle à ceux qui au lieu de fouler à leurs pieds de semblables craintes, les auraient laissé monter jusqu'à leurs cœurs! Quant à vous, Messieurs, si vous n'avez point à les combattre, tenez-vous en garde contre d'autres ennemis d'autant plus dangereux qu'ils se cachent sous une apparence d'humanité. Défiez-vous de ces sophismes perfides, de ces déclamations hypocrites, de tous ces piéges modernes que l'on ne cesse de tendre au jury. On attend de sa complaisance le prix des éloges insidieux qu'on a prodigués à son institution, et c'est à condition qu'elle se laisserait désarmer, qu'on a consenti à l'appeler une institution nationale. Montrez qu'elle est en effet nationale en sauvant vos concitoyens des efforts du conspirateur, et qu'on puisse dire à votre louange : si c'est à Paris que s'est organisé un comité corrupteur qui a mis à l'entreprise le bouleversement de la société; c'est aussi là qu'il s'est trouvé des hommes intègres et inébranlables qui, en brisant les instrumens des complots, ont prouvé que dans la capitale des lis fleurissent encore l'amour de la justice et la fidélité.

RÉPLIQUE.

Le 4 septembre Mr. l'Avocat-général De Marchangy a réfuté les plaidoieries des vingt-cinq avocats des accusés. Nous croyons inutile de reproduire cette réplique en entier; personne ne révoque en doute la culpabilité des conspirateurs. Nous nous bornerons donc à en rapporter un seul passage et la fin, qui sont d'un intéret général et bien dignes du grand talent du courageux magistrat.

On voudrait donc vainement vous abuser par de fausses ou de ridicules analogies. Les *carbonari* ne sont ni des philanthropes, ni des francs-maçons. Dans cent procès jugés nouvellement tant en Italie qu'en France, on a vu se reproduire, avec une identité remarquable, les signes, les pratiques, les obligations, les discours, les projets, les ressources de la charbonnerie. On vous a dit avec ostentation que quelques-uns de ces procès ont pris une tournure favorable aux accusés. Tant mieux pour ces accusés; et nous dirions même tant mieux pour la société, sans une réflexion que nous vous soumettrons volontiers puisqu'elle nous est inspirée par votre institution : c'est que la sévérité des jurés est profitable aux accusés eux-mêmes, en ce sens que si les jurés prononcent toujours avec une impartialité austère, on croira à l'innocence de ceux qui seront acquittés ; tandis que s'il était possible qu'ils prononçassent avec trop d'indulgence et de faiblesse, ceux qu'on absout ne retireraient d'autre avantage de cette absolution que leur liberté dépouillée d'honneur ; du reste un doute pénible, une vague défiance planeraient à jamais sur eux, et ils porteraient éternellement les stigmates de l'accusation. Dès-lors l'innocent lui-même, confondu dans la foule que laisseraient échapper les larges issues de vos délibérations, ne pourrait point recueillir, pour prix d'une longue détention, cette réhabilitation morale qui seule peut lui rendre sa place parmi ses concitoyens, et le réconcilier avec l'opinion sociale qui ne se détermine pas toujours par la chose matériellement jugée ; tant il est vrai, nous le répétons, que votre sévérité est la garantie de l'innocence et la gardienne de l'honneur, comme elle est aussi la terreur du coupable et le *palladium* de l'état.

Nous avons eu, à une précédente audience, l'honneur de vous exposer qu'en fait de complot, il n'était pas besoin qu'il y eût commencement d'exécution, et qu'il suffisait d'une résolution concertée et arrêtée entre deux ou plusieurs conspirateurs. La défense a reconnu elle-même la vérité des principes que nous avons développés sur ce point ; mais elle conteste l'application que nous en faisons à la cause ; car, dit-elle, il n'y a point ici de résolution concertée et de but certain.

Avant de vous démontrer qu'il y avait résolution concertée et arrêtée, il faut écarter ce qu'on vous a plaidé sur le peu de moyens des conjurés, sur la ridicule faiblesse de leur nombre et de leurs ressources, sur le contraste qui existe, dit-on, entre le projet qu'on leur suppose et leur propre incapacité. En effet que des conspirateurs se précipitent en aveugles dans une résolution d'agir; qu'il y ait de fortes probalités pour croire qu'ils échoueront dans une téméraire entreprise, ils n'en sont pas moins conspirateurs. La loi ne punit pas seulement ceux qui conspirent en prenant si bien leurs mesures qu'il y ait pour eux des chances de succès. Cette loi qui définit le complot une résolution d'agir concertée entre deux ou plusieurs individus, n'a pu croire que deux ou plusieurs individus pouvaient bouleverser l'état et exciter la guerre civile, mais elle frappe ceux qui conspirent sans rechercher quels étaient leurs moyens et sans faire l'inventaire de leurs forces et de leurs espérances. Il n'y a sur les bancs qu'une douzaine d'individus accusés de conspiration; mais c'est six fois plus que n'en exige l'article 89 du code pénal qui parle de deux personnes ou d'un plus grand nombre; et d'ailleurs est-il donc vrai de prétendre que les accusés étaient dans l'état de faiblesse et d'isolement où la défense nous les présente? Nous dirons surabondamment, etc. etc.

Vous voyez, Messieurs les jurés, quelle confiance nous avons dans vos religieux souvenirs, puisque nous ne rentrons pas dans les faits et les détails de l'accusation. Vous voyez quelle opinion nous avons de votre jugement, puisque nous croyons également inutile de réfuter cette foule de doctrines erronées, d'assertions téméraires dont la plus répréhensible est sans doute de présenter cette affaire comme une création du ministère public, et dont la plus innocente, parce qu'elle est aussi la plus naïve, est de vous exhorter à ne pas irriter par des punitions les hommes de parti qu'on pourroit rendre ainsi fanatiques et dangereux. Un des défenseurs a même pris sur lui de faire intervenir la patrie, et de lui prêter un discours dans lequel elle vous dit qu'elle punit quelquefois et ne frappe jamais; que d'ailleurs les injures dont il s'agit lui sont personnelles, et qu'en bonne mère elle entend les pardonner. Vous remarquerez toutefois que les injures personnelles de la patrie, qui n'est que la personnification des intérêts collectifs, ne sont guère que des injures communes à tous les citoyens. A quoi se réduisent toutes ces phrases? A ce simple mot : *Laissez faire ceux qui conspirent.* Voilà ce qu'on a dit dans toutes les révolutions.

Il y a long-tems, Messieurs, qu'on se mêle de faire parler la patrie, qui ne ratifie pas toujours ce langage sans aveu.

Un homme qui se croyait l'orateur de la patrie, parce qu'il était le mandataire de la révolution, un homme qui fut une des plus fortes puissances de cette révolution, et qui voulut renverser la société pour se venger de ses mépris, disait aussi au nom de la patrie, et avec peut-être plus d'éloquence encore que le défenseur du sergent-major Pommier, car cet homme était Mirabeau : « Sire, la patrievous conjure de n'avoir pour garde que l'amour de 25 millions de Français, l'autorité que les cœurs vous défèrent est la seule pure, la seule inébranlable. ... » Louis céda; il écarta la force prête à comprimer la sédition; bientôt désarmé et captif, il ne put se réfugier dans les cieux qu'en y montant par des degrés sanglans!.....

Les peuples sont comptables du malheur des bons rois. Il nous vint des philanthropes de 93 une anarchie si terrible que le despotisme qui lui succéda nous parut libérateur ; et lorsque par tant de calamités expiatoires, nous avons reconquis nos princes, voilà que la même bonté ramène la même audace, qui réclame la même impunité, avec cette différence que nous joignons aux précédentes erreurs le mépris de l'expérience et l'oubli des leçons les plus mémorables. Quand donc cesserons-nous enfin de nous laisser abuser par des doctrines vagues et debiles? Et nous aussi nous ferons parler la patrie, mais en lui attribuant le seul langage qui lui convienne, le langage de la loi, qui est l'expression de tous les citoyens. Cette loi vous dit de frapper les conspirateurs, autant pour les punir de leur crime qu'afin d'arrêter par l'effroi de ce châtiment tous ceux qui voudraient marcher sur leurs pas.

Ici M. l'Avocat-général De Marchangy s'est tourné du côté de la cour, et a prononcé le réquisitoire suivant :

Messieurs,

C'est à vous qu'en finissant, nous devons nous adresser pour répondre par un réquisitoire à la communication des pièces que vous nous avez faite, communication qui, sans être inhérente à ce procès, s'y rattache néanmoins sous quelques rapports.

Il résulte des pièces dont nous avons pris connaissance, que le chef du jury a fait parvenir à M. le président de la cour d'assises, qui en a fait rédiger à l'instant un procès-verbal, des lettres nombreuses adressées à MM. les jurés. Chacune de ces lettres portant le timbre de la poste, consiste en une liste imprimée des noms de ceux qui composent le jury appelée à prononcer dans cette affaire. Sur la plupart de ces lettres on a ajouté à la main ces mots sinistres : *Le sang veut du sang*.

Et comme si l'on craignait que des hommes fussent au-dessus de pareilles menaces, on a adressé des lettres semblables à leurs compagnes, espérant qu'un sexe plus faible serait plus facile à alarmer, et pourrait ébranler les consciences par ses terreurs, les amollir par des larmes, et jeter l'épouvante au milieu des devoirs par de tristes pressentimens. Et en cela même les lâches auteurs de ces méprisables écrits se sont trompés, car les femmes ont de la force au jour du péril, quand ce péril est honorable ; on les a vues en des tems de funeste mémoire réclamer comme un droit leur portion de dangers et leur place dans les fers et sur l'échafaud ; partout où il y avait de la gloire à mourir, ce sexe courageux eût rougi d'être épargné.

Le crime des assassins épistolaires que nous vous dénonçons doit exciter la vigilance de la justice. Il est prévu par l'article 305 qui punit quiconque aura menacé, par un écrit anonyme ou signé, d'assassinat, d'empoisonnement ou de tout autre attentat.

Puisse donc la justice saisir et dévoiler dans leur turpitude et leur abjection, les vils auteurs de ces écrits clandestins, et paralyser la main qui trempa la plume dans le sang, et en fit l'émule du poignard ! Que les magistrats poursuivent cette machination nouvelle, qu'ils la poursuivent à la lueur des incendies qui ailleurs répandent l'effroi autour des jurés ; qu'ils la poursuivent à travers les clameurs, les vociférations qu'en d'autres lieux la révolte complice a poussées contre les tribunaux ! Paris où sont les modèles, où sont les chefs, où sont les héros de la conspiration générale, ne pouvait rester spectateur oisif de ces criminelles entreprises dirigées contre le sacerdoce judiciaire, pour l'effrayer dans son action et le paralyser dans ses devoirs. Tout ce qu'il renferme d'êtres impurs a tressailli à l'aspect de la justice prête à frapper des révoltés, et le trait lancé du milieu des ténèbres ne fait que démontrer encore davantage la solidarité d'une coalition immense.

Nous joignons, Messieurs, aux pièces que vous nous avez fait connaître, des lettres que M. le préfet de police nous transmet, et qui lui ont été remises par ceux qui les avaient reçues; elles sont semblables à celles dont il s'agit. Nous oublions de vous dire que trois lettres que nous déposons également sur votre bureau, nous ont été adressées à la date des 2 et 3 septembre, date remarquable et qui prouve combien certaines gens affectionnent certains anniversaires. Ces lettres contiennent également une liste imprimée des noms de MM. les jurés. Au bas de l'une on trouve le mot *poignard*, au pied de l'autre on trouve celui de *mort*. La troisième contient, outre des menaces contre nous, des imprécations sacriléges et régicides que nous nous abstenons de publier. Enfin nous ajouterons qu'il est à notre connaissance que de pareilles lettres ont été semées avec profusion dans certains cafés et à la Bourse, toujours dans l'intention évidente de répandre de l'inquiétude dans les esprits. Il est facile de remarquer, Messieurs, par la différence des caractères typographiques, que ces listes ont été tirées à plusieurs éditions, et que les mêmes personnes en ont reçu jusqu'à trois ou quatre exemplaires, ce qui démontre qu'il y a double emploi, et, par conséquent, une confusion de conjurés dans la distribution de ces imprimés.

Et cependant, Messieurs, bien que toutes ces lettres, qui doivent faire l'objet d'une instruction criminelle, aient été évidemment écrites par les conjurés que nous ne connaissons pas, au profit des conjurés que nous connaissons, ceux-ci n'en sont point les auteurs, et c'est sans doute un motif pour que cet incident n'ait aucune influence sur Messieurs les jurés, alors même que leur générosité personnelle ne leur eût pas déjà dit de ne point faire entrer leur propre intérêt dans les motifs de leur détermination; mais cette générosité ne peut pas aller non plus jusqu'à leur faire trahir la société, en leur persuadant qu'ils doivent être indulgens parce qu'ils sont offensés. Qu'ils prononcent donc en s'isolant de cet incident déplorable, auquel, nous le répétons, les accusés sont, sans doute, étrangers, bien qu'il soit indubitablement le résultat des manœuvres de leur parti, et qu'il puisse, sous ce rapport, ajouter une nouvelle page à l'histoire des *carbonari*.

Vu les pièces à nous transmises par M. le président de la cour d'assises, ensemble le procès-verbal par lui dressé à cet égard; vu l'article 305 du code pénal, nous requérons qu'il plaise à la cour ordonner le dépôt desdites pièces au greffe, pour être procédé à une information légale.

Par jugement intervenu le 5 septembre, quatre accusés ont été déclarés coupables d'avoir participé à un complot ayant pour but :

1°. Soit de détruire et de changer le gouvernement ;

2° Soit de changer l'ordre de successibilité au trône ;

3°. Soit d'exciter les citoyens ou habitans à s'armer contre l'autorité royale ;

4°. Soit d'exciter la guerre civile en armant ou en portant les citoyens ou habitans à s'armer les uns contre les autres :

En conséquence ils ont été condamnés à mort.

Un a été déclaré coupable à la majorité de 7 contre 5, et acquitté parce que la cour s'est réunie à la minorité du jury.

Un autre a été déclaré coupable, mais la peine lui a été remise, attendu les révélations qu'il a faites dans le délai de la loi.

Six ont été déclarés non coupables de participation à un complot et acquittés.

Parmi les accusés de non révélation trois ont été condamnés à cinq ans d'emprisonnement, un à trois ans, trois à deux ans, et six ont été acquittés.

Un jeune élève en médecine, qui suivait la visite des médecins à l'hôpital de Bicêtre, fut chargé de corrompre le concierge de cette maison, afin qu'il laissât évader les quatre condamnés à mort. Des conférences eurent lieu et enfin l'élève alla jusqu'à offrir 60,000 francs, dont 10,000 à payer comptant et 50,000 lorsque les prisonniers seraient délivrés. Cet élève, qui est nommé dans le *Moniteur* du 20 septembre, promettait tout ; il promettait même que le concierge n'avait rien à craindre, parceque, disait-il, la police de *ces Messieurs* (c'est le terme dont il se servait pour désigner certains personnages), était bien plus forte que celle du gouvernement. Il fallut aller à Paris auprès de *ces Messieurs* pour terminer définitivement. L'élève était de retour à cinq heures ; il annonça que deux de *ces Messieurs* étaient absens de la capitale, et qu'il fallait encore renvoyer l'affaire au lendemain. Enfin, après tous ces débats, l'élève entre le 18 dans le cabinet du concierge, tire de sa poche 5000 francs en or et 5000 francs en billets. Au même moment un officier de paix se présente et déclare à l'élève qu'il l'arrête au nom du roi. Il veut résister, l'officier de paix le tient en respect, et le brigadier de gendarmerie, placé en observation, survient et s'empare du jeune homme. L'affaire est entre les mains du procureur du roi ; les 10,000 fr. ont été déposés au greffe.

Les quatre condamnés ont été exécutés le 21 septembre à Paris.

S. M. l'empereur de Russie vient de supprimer dans ses états toutes les sociétés secrètes et loges de francs-maçons par un rescrit du 12 *août* 1822. *S. M. l'empereur d'Autriche et d'autres souverains avaient déjà pris de semblables mesures ces années dernières, et l'on se rappelera maintenant que le St. Siége, dont on se défie, tandis qu'on pourrait tirer tant d'utilité de sa vigilante et constante sollicitude, a signalé le premier le danger de toutes ces sectes, et qu'il a condamné et excommunié depuis bien long-tems les francs-maçons, les illuminés et autres, et en* 1821 *les carbonari.*

Il faut se réjouir que les chefs des nations commencent enfin à être convaincus du péril imminent dont leurs trônes, leurs personnes et leurs sujets sont menacés par ces sectes ténébreuses. Trop long-tems elles étaient parvenues à leur faire illusion ou à enchaîner leur volonté souveraine, souvent prête à les frapper.

Les dispositions sagement sévères de ce rescrit, où les conseils humains ne laissent pas que d'avoir porté leur prévoyance assez loin, ne sauraient être trop divulguées. Il est fort utile que les philosophes et les libéraux ne puissent tromper personne sur les sentimens du puissant Autocrate de toutes les Russies.

Puissent les gouvernemens ne pas reculer! Puissent-ils ne pas s'arrêter à ces mesures qui ne sauraient tarir le mal dans sa source! Puissent-ils enfin voir, sans avoir besoin de nouvelles et de plus terribles leçons, que la religion est seule capable de ramener dans les ames la conviction des devoirs et avec elle la sécurité dans les états!

Voici la teneur de ce rescrit qui a été adressé au comte Kotschubey, ministre de l'intérieur :

« Comte Victor,

« L'existence, dans d'autres états, de sociétés secrètes, dont les unes, sous le nom de loges de francs-maçons, n'avaient pour but que des actes de bienfaisance, mais dont les autres s'occupaient de matières politiques, a fini par troubler le repos de ces états. Il en est résulté des désordres qui ont déterminé plusieurs gouvernemens à supprimer ces sociétés secrètes.

« J'ai toujours été très-attentif à éviter tout ce qui pouvait porter préjudice à l'empire; et je dois l'être davantage à une époque, où, malheureusement, les abstractions insensées de la philosophie moderne ont produit de si déplorables effets en d'autres états.

« Je regarde donc comme nécessaire au bien public, d'ordonner ce qui suit, à l'égard des susdites sociétés secrètes :

« 1°. Toutes les sociétés secrètes, sous quelque dénomination qu'elles existent; ainsi que les loges de francs-maçous, seront fermées, et il ne leur sera point permis de les rouvrir.

« 2°. Tous les membres des susdites sociétés s'engageront par écrit à n'organiser à l'avenir aucune association semblable ou loge de francs-maçons, sous quelque prétexte que ce puisse être.

« 3°. Tout employé de l'état ne pouvant se permettre de prêter d'autres sermens que ceux qui sont prescrits par les lois, tous les ministres et toutes les autorités supérieures des deux capitales sommeront leurs subordonnés de déclarer formellement s'ils appartiennent à quelque société secrète, au dedans ou au dehors de l'empire.

« 4°. Les susdits employés signeront une promesse en forme de rompre tout lien ou communication avec les sociétés auxquelles ils auraient pu appartenir. S'ils ne le peuvent ou ne le veulent faire, ils seront aussitôt destitués de leurs emplois.

« 5°. Nul individu ne sera susceptible d'obtenir aucun emploi civil ou militaire, s'il ne signe une déclaration qui atteste qu'il n'appartient à aucune société secrète. »

Signé ALEXANDRE.

www.ingramcontent.com/pod-product-compliance
Ingram Content Group UK Ltd.
Pitfield, Milton Keynes, MK11 3LW, UK
UKHW031918260826
14628UKWH00003B/1267

9 782011 752789